KB230858

프리랜서와 세금

프리랜서와 세금

초판 1쇄 인쇄 2012년 01월 12일
초판 1쇄 발행 2012년 01월 17일

지은이 I 심의열
펴낸이 I 손형국
펴낸곳 I (주)에세이퍼블리싱
출판등록 I 2004. 12. 1(제2011-77호)
주소 I 서울시 금천구 가산동 371-28 우림라이온스밸리 C동 101호
홈페이지 I www.book.co.kr
전화번호 I (02)2026-5777
팩스 I (02)2026-5747

ISBN 978-89-6023-735-3 03320

프리랜서와 세금

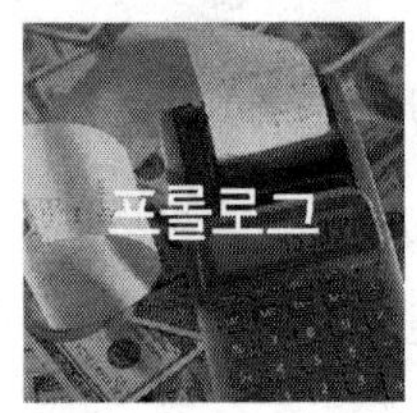

평생직장의 개념이 없어진지 오래고, 이태백이나 사오정이라는 말도 이미 나왔다가 기억 속에서 사라진지 오래되었습니다. 고용불안의 시대에 살고 있는 현재 우리는 화려한 비상을 위해 프리랜서와 투잡을 꿈꾸고 있습니다.

하지만 현실 속의 프리랜서는 어떤가요? 국세청에서 발간한 통계연보를 살펴보면 2009년을 기준으로 프리랜서의 개념을 가진 자유직업군이 340만 3천 명 가량으로 집계되었습니다. 하지만 그들을 위한 제대로 된 세법적인 정보나 지식을 얻을 수 있는 가이드라인을 제시해주는 서적이 전무하다는데 놀랐고 이에 조그마한 도움이 되고자 이 책을 발간하게 되었습니다.

1장에서는 기업의 실무자를 중심으로 전문적인 내용까지 실었습니다. 그리고 2장에서는 예제를 중심으로 한 종합소득세 신고실무를 실었습니다. 처음 종합소득세 신고하시는 분이나 추계로 하시는 분들이 쉽게 따라할 수 있게 예제를 중심으로 서술하였습니다. 세법이 다소 어렵고 딱딱한 내용이 많아서 보기 어려우실지 모르나 2

장을 중심으로 따라 하시다 보면 간단한 종합소득세 신고는 하실 것이라 생각합니다.

　다만, 이 책은 정확한 세법에 근거한 해설 및 정보제공을 목적으로 하고 있지만 항상 그 완전성이 보장되는 것은 아니기 때문에 실제 적용 시 적용시점의 세법 등을 충분히 검토하고 저자 또는 전문가와 상의하시기 바랍니다.

　끝으로, 이 책이 나오기까지 힘써주신 (주)에세이퍼블리싱 사장님과 편집부 직원 모두에게 감사드리며, 항상 곁에서 모든 일이 잘 되도록 격려하고 마음고생한 아내에게 감사의 마음을 전합니다.

2012년 1월

심의열

차례

사업소득과 원천징수

01 | 사업소득의 의의

프리랜서와 세금

프리랜서는 독립된 자격으로, 계속적 반복적으로 인적 용역을 제공하는 자이다. 소득세법상 기타 소득과의 구별은 기타소득은 일시적, 우발적으로 인적용역을 제공하는데 반해 사업소득은 계속적 반복적으로 인적용역을 제공하는데 있다.

그러면 근로소득과의 차이점은 무엇일까? 근로 소득은 계속적 반복적으로 인적용역을 제공한다는 측면에서는 사업소득과 같지만 사업소득은 독립된 자격으로 용역을 제공하고 근로소득은 종속된 자격으로 근로소득을 제공한다는 측면에서 차이점이 있다.

02 원천징수제도

1. 원천징수제도의 의의

원천징수제도란 원천징수대상 소득을 지급하는 자가 원천징수의무자가 되어 원천징수대상 소득을 지급할 때 소득금액에 따라서 세액을 징수하여 납부하는 제도이다. 따라서 소득을 지급하는 자를 원천징수 의무자라 부르고 그 금액을 받는 자를 납세의무자라 부른다.

납세의무자가 개별적으로 세금을 직접 계산해서 납부하는 불편 없이 원천징수의무자가 대신 징수, 납부함으로써 세금을 편리하게 납부하도록 하는 제도이다.

원천징수대상 소득
- 급여, 상여 등 근로소득 - 이자소득, 배당소득 - 퇴직소득, 연금소득 - 강연료 등 일시적 성질의 기타소득 - 봉사료

2. 원천징수의 유형

원천징수는 원천징수로써 납세의무가 종결되는지 여부에 따라서
완납적 원천징수와 예납적 원천징수로 구분된다.

1) 완납적 원천징수

완납적 원천징수란 주로 분리과세 되는 이자소득, 배당소득, 기타
소득, 일용직근로자의 소득 등을 말하는 것으로 원천징수함으로써
별도의 신고절차 없이 당해 소득에 대한 납세의무가 종결되는 원천
징수를 말한다.

분리과세: 원천징수로써 납세의무가 종결되는 경우
- 금융소득(이자, 배당소득): 소득금액이 연간 4천만 원 이하 - 근로소득: 일용근로자의 소득 - 연금소득: 연 6백만 원 이하 - 기타소득: 연 3백만 원 이하 　　　　복권, 승마, 경륜, 경정, 슬러트머신 등의 당첨금

2) 예납적 원천징수

예납적 원천징수란 소득금액 또는 수입금액을 지급할 때 원천징
수 의무자의 원천징수로써 납세의무가 종결되지 않고, 이후에 납세
의무자가 확정신고를 함으로써 납세의무가 종결되는 경우를 말한다.

완납적 원천 징수되는 소득 이외의 원천징수대상 소득은 예납적
성질을 가지고 있다.

<table>
<tr><td colspan="3" align="center">유형별 비교</td></tr>
<tr><td>구분</td><td>완납적 원천징수</td><td>예납적 원천징수</td></tr>
<tr><td>확정신고 여부</td><td>신고의무 없음</td><td>확정신고 의무</td></tr>
<tr><td>조세부담</td><td>원천징수세액</td><td>기본세율</td></tr>
<tr><td>대상소득</td><td>분리과세소득</td><td>분리과세 이외 소득</td></tr>
</table>

3. 원천징수대상 사업소득

1) 원천징수대상 사업소득의 범위

부가가치세법 12조5항과 부가가치세법시행령 제29조에 의한 의료보건용역과 부가가치세법 12조14항과 부가가치세법시행령 제35조에 정한 인적용역소득을 말한다.

(1) 의료보건용역

의료보건용역은 다음에 규정하는 것(「의료법」또는 「수의사법」에 따라 의료기관 또는 동물병원을 개설한 자가 제공하는 것을 포함한다.)을 말하며 수입금액을 지급하는 경우에 지급하는 수입금액에 대하여 원천징수해야 한다.

① 「의료법」에 따른 의사·치과의사·한의사·조산사 또는 간호사가 제공하는 용역. 다만, 「국민건강보험법」 제39조제3항에 따라 요양급여의 대상에서 제외되는 다음 각 목의 진료용역은 제외한다.

가. 쌍꺼풀수술

나. 코성형수술

다. 유방확대·축소술

라. 지방흡인술

마. 주름살제거술

② 「의료법」에 규정하는 접골사·침사·구사 또는 안마사가 제공하는 용역

③ 「의료기사 등에 관한 법률」에 규정하는 임상병리사·방사선사·물리치료사·작업치료사·치과기공사 또는 치과위생사가 제공하는 용역

④ 「약사법」에 규정하는 약사가 제공하는 의약품의 조제용역

> **TIP** 의약품 조제용역의 경우, 조제용역으로 발생하는 사업소득금액에서 의약품가격이 차지하는 비율에 상당하는 금액은 원천징수대상에서 제외한다.

⑤ 「수의사법」에 규정하는 수의사가 제공하는 용역. 다만, 동물의 치료용역은 「축산물위생관리법」에 따른 가축 및 「기르는 어업 육성법」에 따른 수산동물에 대한 진료용역으로 한정한다.

⑥ 장의업자가 제공하는 장의용역

⑦ 「장사 등에 관한 법률」 제14조 및 제15조의 규정에 의하여 사설묘지·사설화장시설 또는 사설봉안시설을 설치한 자가 제공하는 묘지 및 화장업 관련 용역

⑦의2. 지방자치단체로부터 공설묘지·공설화장시설 또는 공설봉안시설의 관리를 위탁받은 자가 제공하는 묘지 및 화장업관

련 용역

⑧「응급의료에 관한 법률」 제2조제8호의 규정에 의한 응급환자
이송업자가 제공하는 응급환자이송용역

⑨「하수도법」 제45조에 따른 분뇨수집·운반업의 허가를 받은 사
업자와 「가축분뇨의 관리 및 이용에 관한 법률」 제28조에 따
른 가축분뇨수집·운반업 또는 가축분뇨처리업의 허가를 받
은 사업자가 공급하는 용역

⑩「감염병의 예방 및 관리에 관한 법률」 제52조에 의하여 소독업
의 신고를 한 사업자가 공급하는 소독용역

⑪「폐기물관리법」 제25조의 규정에 의하여 생활폐기물 또는 의
료폐기물의 폐기물처리업 허가를 받은 사업자가 공급하는 생
활폐기물 또는 의료폐기물의 수집·운반 및 처리용역과 같은
법 제29조의 규정에 의하여 폐기물처리시설의 설치승인을 얻
거나 그 설치의 신고를 한 사업자가 공급하는 생활폐기물의
재활용용역

⑫「산업안전보건법」 제42조의 규정에 의한 지정측정기관이 공급
하는 작업환경측정용역

⑬「노인장기요양보험법」 제2조제4호에 따른 장기요양기관이 같
은 법에 따라 장기요양인정을 받은 자에게 제공하는 신체활
동·가사활동의 지원 또는 간병 등의 용역

⑭「사회복지사업법」 제33조의7에 따라 보호대상자에게 지급되는
사회복지서비스이용권을 대가로 국가·지방자치단체 외의 자
가 공급하는 용역

(2) 인적용역(부가가치세법시행령 35조)

인적용역은 독립된 사업(여러 개의 사업을 겸영하는 사업자가 과세사업에 필수적으로 부수되지 아니하는 용역을 독립하여 공급하는 경우를 포함한다.)으로 공급하는 다음에 규정하는 용역으로 한다.

① 개인이 물적 시설 없이 근로자를 고용하지 아니하고 독립된 자격으로 용역을 공급하고 대가를 받는 다음에 규정하는 인적용역

　가. 저술·서화·도안·조각·작곡·음악·무용·만화·삽화·만담·배우·성우·가수와 이와 유사한 용역

　나. 연예에 관한 감독·각색·연출·촬영·녹음·장치·조명과 이와 유사한 용역

　다. 건축감독·학술용역과 이와 유사한 용역

　라. 음악·재단·무용(사교무용을 포함한다.)·요리·바둑의 교수와 이와 유사한 용역

　마. 직업운동가·역사·기수·운동지도가(심판을 포함한다.)와 이와 유사한 용역

　바. 접대부·댄서와 이와 유사한 용역

　사. 보험가입자의 모집·저축의 장려 또는 집금 등을 하고, 실적에 따라 보험회사 또는 금융기관으로부터 모집수당·장려수당·집금수당 또는 이와 유사한 성질의 대가를 받는 용역과 서적·음반 등의 외판원이 판매실적에 따라 대가를 받는 용역

아. 저작자가 저작권에 의하여 사용료를 받는 용역

자. 교정·번역·고증·속기·필경·타자·음반취입과 이와 유사한
   용역

차. 고용관계 없는 자가 다수인에게 강연을 하고, 강연료·강사
   료 등의 대가를 받는 용역

> **TIP** 사업자가 강연을 전문적으로 하는 강사에게 강연료를 지급하는 경우에는 인적용역소
> 득으로써 3%의 사업소득세를 원천징수해야 한다. 그러나 전문강사가 아닌 일시적으
> 로 강의를 제공하는 경우에는 기타소득으로써 80% 필요경비를 공제한 후 20%의 세
> 율로 원천징수해야 한다.

카. 라디오·텔레비전방송 등을 통하여 해설·계몽 또는 연기를
   하거나 심사를 하고 사례금 또는 이와 유사한 성질의 대
   가를 받는 용역

타. 작명·관상·점술 또는 이와 유사한 용역

파. 개인이 일의 성과에 따라 수당 또는 이와 유사한 성질의
   대가를 받는 용역

② 개인·법인 또는 법인격 없는 사단·재단 기타 단체가 독립된
   자격으로 용역을 공급하고 대가를 받는 다음에 규정하는 인
   적용역

가. 「형사소송법」 및 「군사법원법」 등의 규정에 의한 국선변호
   인의 국선변호와 기획재정부령이 정하는 법률구조

나. 학술연구용역과 기술연구용역

다. 직업소개소 상담소 등을 경영하는 자가 공급하는 용역

라. 「장애인복지법」 제40조에 따른 장애인보조견 훈련용역

마. 외국공공기관 또는 「국제금융기구에의 가입조치에 관한 법률」 제2조의 규정에 의한 국제금융기구로부터 받은 차관자금으로 국가 또는 지방자치단체가 시행하는 국내사업을 위하여 공급하는 용역(국내사업장이 없는 외국법인 또는 비거주자가 공급하는 것을 포함한다.)

(3) 유흥업소 등의 봉사료 수입금액

(소득세법시행령 184조의2)

봉사료란 사업자(법인을 포함한다.)가 다음의 어느 하나에 해당하는 용역을 제공하고 그 공급가액(간이과세자의 경우 공급대가)과 함께 접대부, 댄서와 이와 유사한 용역을 제공하는 자의 봉사료를 계산서·세금계산서·영수증 또는 신용카드 매출전표 등에 그 공급가액과 구분하여 적는 경우(봉사료를 자기의 수입금액으로 계상하지 아니한 경우만 해당한다.)로서 그 구분하여 적은 봉사료금액이 공급가액의 100분의 20을 초과하는 경우의 봉사료를 말한다.

> **TIP**
> 공급가액: 부가세를 포함하지 않는 금액
> 공급대가: 부가세가 포함된 금액
> 일반 식당에서 부가세 별도라는 말이 없으면 부가세가 포함된 금액으로 공급대가라는 말이 된다.

① 음식·숙박용역

①의2. 안마시술소·이용원·스포츠마사지업소 및 그 밖에 이와 유사한 장소에서 제공하는 용역

② 과세유흥장소에서 제공하는 용역

2) 원천징수세액의 계산

사업소득의 원천징수 세율은 다음과 같다.

사업소득의 종류	원천징수세율	비 고
일반사업소득	해당 없음	
인적용역	3%	지방소득세 (원천징수세액의 10%)
의료보건용역	3%	지방소득세 (원천징수세액의 10%)
봉사료	5%	지방소득세 (원천징수세액의 10%)

4. 원천징수 의무자

국내에 거주자 및 비거주자에게 사업소득을 지급하고 원천징수를 할 때 원천징수해야 할 자는 다음 어느 하나에 해당하는 자로 한다.

① 사업자
② 법인세 납세의무자
③ 국가·지방자치단체 또는 지방자치단체 조합
④ 민법 또는 기타 법률에 의하여 설립된 법인
⑤ 국세기본법에 의한 법인으로 보는 단체

사업소득에 대한 연말정산

　보험모집인 등 다음에 해당하는 간편장부대상자(직전년도 소득 7천5백만원 미만 및 해당년도 신규사업자)가 받는 사업소득금액에 대하여 사업소득을 지급하는 원천징수의무자가 연말정산 소득세를 원천징수하여 납부한다. 다만 2의 경우는 원천징수의무자가 관할세무서장에게 신청한 경우에 한 한다.

① 독립된 자격으로 보험가입자의 모집 및 이에 부수되는 용역을 제공하고 그 실적에 따라 모집수당 등을 받는 자

② 방문판매 등에 관한 법률에 의하여 방문판매업자를 대신하여 방문판매업무를 수행하고 그 실적에 따라 판매수당 등을 받는 자(방문판매업자로부터 사업장의 관리·운영의 위탁을 받는 자를 포함)

> **TIP** 사업자의 경우 실제 경비를 반영하여 장부기장을 하고 확정신고를 하는 것이 원칙인데, 연말정산을 받는 경우 실제 경비가 없어도 세법상 경비를 공제한 소득률만큼의 세금을 부과 받고 5월에 종소세 신고의무가 면제 되므로 간편장부대상자인 경우에 연말정산이 유리하다. 다만, 실제 사업을 위하여 사용된 경비가 많은 경우에는 종합소득세 신고를 고려해보아야 한다.

02 연말정산의 신청 및 포기

원천징수의무자(회사)가 최초로 연말정산을 하고자 하는 해당 과세기간 종료일까지 사업소득세액연말정산신청서를 사업장 관할 세무서장에게 제출해야 한다.

포기는 사업소득 연말정산을 신청한 원천징수의무자(회사)가 연말정산을 하지 않으려고 할 때는 해당 과세기간의 종료일까지 사업소득세액 연말정산포기서를 사업장 관할세무서장에게 제출해야한다.

03 사업소득 지급시기

해당 과세기간의 다음연도 2월분 사업소득을 지급하는 때 연말정산을 한다. 다만, 다음연도 2월분 사업소득을 2월 말일까지 지급하지 아니하거나 2월분의 사업소득이 없는 경우 2월말일 날 연말정산을 시행한다. 즉, 이 말은 늦어도 2월말 일까지는 사업소득에 대한 연말정산을 실시해야 한다는 뜻이다.

또한 당해 사업자와의 거래계약을 해지한 경우에는 해지한 달의 사업소득을 지급하는 때 연말정산을 한다. 이 경우는 사업자와 계약을 해지하는 경우에는 해지하는 달에 사업소득을 지급할 때 연말정산을 실시한다는 의미이다.

지급시기 의제

지급시기 의제란 실제로 사업소득을 지급하지는 아니하였지만 세법상 지급한 걸로 본다는 의미이다.

1월부터 11월분의 사업소득을 해당 과세기간의 12월 31일까지 지급하지 아니한 경우에는 12월 31일 날 지급한 것으로 본다.

또한, 12월분의 사업소득을 다음연도 2월 말일까지 지급하지 아니한 경우에는 다음연도 2월말 일에 지급한 것으로 본다.

즉, 회사의 사정으로 사업소득의 지급일자가 늦춰진 경우에 지급한 것으로 본다는 규정이다.

04 | 사업소득금액의 계산

소득금액이란 수입금액에서 그 사업을 위하여 사용한 경비를 차감한 금액을 소득금액이라고 할 수 있다. 따라서 원칙적으로 사업소득금액 계산 시에는 원천징수의무자로부터 받는 수입금액에서 그 사업을 위하여 사용한 경비를 공제한 금액을 사업소득금액으로 해야 하나 간편장부대상자의 연말정산에서는 이 과정을 간단히 하여 세법에서 정한 소득률을 곱하여 사업소득금액을 계산한다.

소득률   = (1-단순경비율)

소득금액 = 수입금액 × 소득률

구분	단순경비율		소득률(1-단순경비율)	
	4천만 원 이하	4천만 원 초과	4천만 원이하	4천만 원 초과
보험모집인	77.6%	68.6%	22.4%	31.4%
방문판매원	75.0%	65.0%	25.0%	35.0%

(2010년 기준)

예를 들면 직전년도 수입금액이 2천만 원이고 해당연도 수입금액이 7천만 원인 보험모집인인 경우

소득금액 = 4천만 원×22.4% + (7천만 원 - 4천만 원)×31.4 = 18,380천원

소득금액은 18백 38만 원이 된다.

> **TIP** 이후 종합소득공제 편으로 넘어가세요.

05 | 신고유형 및 수입금액의 확정

1. 신고유형

소득금액의 계산 방법에 따라 추계신고와 기장신고로 나누어지며 추계신고는 다시 기준경비율에 의한 신고와 단순경비율에 의한 신고로 나누어지고 기장신고는 간편장부에 의한 신고와 복식부기에 의한 신고로 나누어진다.

법인의 경우는 수입금액이나 신규개업여부 등과 상관없이 무조건 복식부기의무자이나 개인은 직전연도 수입금액, 해당연도 신규사업 여부에 따라 기장의무가 달라지며 기장의무 여부에 따라서 소득세에 많은 차이가 발생한다. 또한 기장의무 여부에 따라 가산세나 각종 혜택 또는 의무가 차등적으로 주어지므로 종합소득세 신고 시 기장의무여부나 신고유형의 정확한 판단이 중요하다.

1) 추계신고(기준경비율 및 단순경비율에 의한 신고)

추계신고의 장점은 계산이 쉽고 간편하다는 것이다. 또한 세금계산서 등 법적증빙 미수취에 따른 증빙불비가산세도 적용되지 않는 장점이 있는 반면에 단점으로는 경비가 많은 업종일 경우 세 부담이 과다하게 발생하고 이월결손금 공제가 안 되고 복식부기의무자의 경우 무신고가산세와 소규모사업자가 아닌 간편장부의무자의 경우에도 무신고가산세가 적용된다. 그러나 현실적으로 프리랜서의 경우 비용이 발생되지 않거나 거의 없는 경우가 많아서 실질적으로 추계로 하는 경우가 많다고 할 수 있다.

(1) 기준경비율에 의한 신고

① 기준경비율 적용

모든 사업자는 스스로 작성한 장부를 근거로 하여 자신의 소득금액을 산정하고 또한 신고해야 한다. 그러나 장부를 작성하지 않은 사업자는 정확한 소득금액 산정이 불가능하므로 이런 장부가 없는 사업자들을 위하여 직전연도 수입금액에 따라 기준경비율 또는 단순경비율을 적용하여 소득금액을 계산한다. 또한 프리랜서 사업자들이 가장 많이 사용하는 방법이기도 하다.

이유는 프리랜서의 경우 그리 크지 않은 수입금액과 장부작성에 대한 전문지식의 부족 및 경비부족 등이 원인이다.

② 적용대상자

기준경비율 적용대상자는 장부를 기장하지 않은 사업자로서 단순경비율 적용이 배제되는 사업자와 직전 과세기간(2010년)의 수입금액이 일정금액 이상인 사업자만 해당한다.

가. 단순경비율 적용 배제 사업자

·전문직사업자(변호사, 세무사, 회계사, 관세사, 의사, 약사 등)

·현금영수증 가맹점 가입의무자 중 의무가입기간(3개월) 내

미가입자

· 신용카드매출전표·현금영수증 상습 발급거부자(연간 3회
이상 & 100만 원 이상이거나 연간 5회 이상)

나. 직전 과세기간(2010년)의 수입금액의 합계액이 업종별 기
준 수입금액 이상인 사업자는 기준경비율 적용대상자임.

업종	기준수입금액
가. 농업·수렵업 및 임업, 어업, 광업, 도·소매업, 부동산매매업, 기타 나 및 다에 해당하지 아니하는 업	6,000만 원
나. 조업, 숙박 및 음식점업, 전기·가스 및 수도사업, 건설업, 운수업, 통신업, 금융 및 보험업	3,600만 원
다. 부동산임대업, 사업서비스업, 교육서비스업, 보건 및 사회복지사업, 오락·문화 및 운동관련 서비스업과 기타 공공·수리 및 개인서비스업, 가사 서비스업	2천4백만 원

현실적으로 프리랜서 분들이 가장 많이 해당하는 것은 다항목이
다. 즉, 직전년도 수입금액이 2천4백만원이 넘지 않으면 해당연도에
수입금액에 상관없이 단순경비율 적용이 가능하다.다만, 2011년 이
후에 신규로 사업을 개시한 신규사업자의 경우 원칙적으로 단순경
비율 적용이 가능하나 해당연도 수입금액이 7천5백만원을 넘으면
단순경비율 적용을 적용할수 없고 기준경비율을 적용해야 한다.

> **TIP** 겸업사업자 및 사업장이 둘 이상인 경우의 기준수입금액 계산서식
> 주업종(수입금액이 가장 큰 업종)의 수입금액 + {주업종 이외 업종의 수입금액 × ()}

③ 기준경비율에 의한 소득금액의 계산

가. 증빙수취에 의한 방법

사업자라면 당연히 받아야 할 기본적인 주요경비(매입비용, 인건비, 임차료)의 증빙서류를 갖춘 경우에는 주요경비로 인정하고, 기타경비는 정부가 정한 일정한 기준경비율에 의해 계산된 금액을 필요경비로 인정하여 계산한다.

소득금액 = 수입금액 - 주요경비(증빙수취분에 한정)-(수입금액 × 기준경비율)

> **TIP**
> 2011년도 소득금액부터는 복식부기의무자(프리랜서의 경우 직전년도 소득금액이 7,500만 원 이상)인 경우 추계신고 시 기준경비율의 을 적용한다.

나. 소득상한배율에 의한 방법(예외)

기준경비율에 의한 소득금액이 단순경비율에 의한 소득금액에 일정배율(간편장부대상자의 경우 2.4배, 복식부기의무자의 경우 3.0배)을 곱한 금액보다 큰 경우에는 그 배율에 의한 소득금액으로 신고를 할 수 있다.(소득세법시행령 제143조 ③ 및 시행규칙 제67조)

이것은 기준경비율 제도의 시행으로 급격한 세부담 방지를 위한 제도이다.

소득금액 = {수입금액 -(수입금액×단순경비율)}×배율(2.4배 또는 3.0배)

실무적으로는 증빙수취에 의한 계산방법과 소득상한배율에 의한 계산방법 중 적은 금액으로 하면 세금이 적게 나오게 된다.

④ 증빙서류를 갖추어야 인정되는 주요경비의 범위

주요경비는 장부의 유무에 관계없이 사업자라면 갖추어야 하는 기본적인 증빙으로서 사업의 필요한 기본경비에 한정하고 있다.

가. 주요경비의 범위

㉠ 매입비용

매입비용은 재화(상품, 제품, 재료, 소모품 등 유체물과 동력, 열 등 관리할 수 있는 자연력)의 매입과 외주가공비 및 운송업의 운반비로 한다. 다만, 사업용 고정자산의 매입금액과 음식대금, 보험료, 수리비 등 용역(서비스)을 제공받는 금액은 매입비용에서 제외된다.

다시 말하면 부동산매매업자의 건물은 재고자산으로서 매입비용에 해당하지만 부동산임대업자의 건물은 고정자산으로서 매입비용에 해당하지 않는다.

그 외에도 기타 매입비용으로 인정이 안 되는 비용을 살펴보면 음식료 및 숙박료, 창고료(보관료), 통신비, 보험료, 수수료, 광고선전비, 수선비, 사업서비스, 교육서비스, 개인서비스, 보건서비스 및 기타 서비스(용역)를 제공받고 지급하는 금액 등이 있다.

ⓛ 임차료

임차료는 사업에 직접 사용하는 건축물, 기계장치 등 사업
용 고정자산의 임차료로 한다.

ⓒ 인건비

인건비는 종업원의 급여, 임금 및 일용근로자의 임금과 실
지 지급한 퇴직금으로 한다. 따라서 인건비는 종업원이 아
닌 사업소득으로 원천징수하는 학원강사 기타소득에 해당
하는 인건비는 포함되지 않는다.

TIP 하지만 실제로 프리랜서의 경우 고정사업장을 가지지 않고 직원고용 없이 혼자 하는 사업자이므로 임차료나 인건비가 지출될 가능성은 없다. 그리고 매입비용도 프리랜서의 경우 개인적인 용역을 제공하는 사업이므로 발생될 가능성이 거의 없다고 보는 것이 무방하다. 따라서 기준경비율로 소득금액을 계산하는 경우 프리랜서의 경우에는 주요경비로 인정받을 수 있는 부분이 사실상 전무하다고 보는 것이 타당하다.

⑤ 증빙서류의 종류

기준경비율을 적용한 사업자가 소득금액을 계산하기 위하여
수입금액에서 공제한 매입비용, 임차료는 정규증빙을 수취해
야 하며, 정규증빙의 종류로는 세금계산서, 계산서, 신용카드
매출전표, 현금영수증이다. 또한 3만 원 이하의 거래, 농어민
과의 거래 등, 일부를 제외한 거래내용에 대해서는 주요경비
로 인정받기 위하여 주요경비지출명세서를 작성하여 종합소득
세 확정신고 시 제출해야 한다. 즉, 복식부기의무자가 아니더
라고 기준경비율에 의하여 소득을 추계신고 할 경우 정규증빙
을 수취하지 아니하거나 소득세법 제208조2 제1항 등에서 규

정한 증빙불비가산세에 해당하지 않는 경우를 제외하고는 주
요경비지출명세서를 제출해야 하고 증빙불비가산세 2%가 해
당된다.

그리고 인건비의 경우는 원천징수영수증 또는 지급명세서를
세무서에 제출하거나 지급 관련 증빙서류를 비치 보관해야 하
나 프리랜서의 경우에는 인건비가 발생할 여지가 없으므로 해
당사항이 없다.

⑥ 일반율과 자가율의 적용

일반적으로 별도로 사업장을 가지고 있지 않은 프리랜서의 경
우에는 자가율을 적용하지 않고 일반율을 적용한다.

가. 일반율

기준경비율은 사업장을 임차하여 사용하는 사업자에게 적
용되는 소득률을 일반율이라고 한다.

나. 자가사업자에 대한 기준경비율 적용

사업장을 임차하지 않는 자기 사업자의 경우에는 기준경
비율의 일반율에 0.4를 가산하여 적용한다.

예를 들어 일반율이 12%인 경우에는 자가율은 12%에 0.4
를 더한 12.4%가 된다.

다. 자가율 적용배제 업종

농업·임업 및 어업(011000~052200), 광업(101000~143200),
전기·가스·증기 및 수도사업(401000~410000), 건설업
(451101~453000), 도소매업(522099, 523132, 525200), 운
수업(601000~621000, 630301~630302, 630309~630403,

630500, 630701~630909, 641201, 749906), 금융 및 보험업(659201~659902, 660100~672000, 749904), 부동산업 및 임대업(630304, 701101~701700, 703011~713003, 749934, 921404, 930903), 전문·과학기술 및 기술서비스업(730000, 741108) 인적용역(940100~940919), 가구내 고용활동(950000~950001)

⑦ 기준경비율 적용 시 주의 사항

기준 경비율 적용대상자가 단순경비율로 신고를 하는 경우에는 소득금액과 세액이 과소하게 신고하는 결과가 되어 신고불성실가산세와 납부불성실가산세가를 추가로 부담하게 된다.

또한 간편장부대상자로서 직전연도 과세기간(2010년 귀속)의 수입금액이 4,800만 원 이상인 사업자가 추계신고를 할 경우에는 산출세액의 20%가 무기장가산세로 적용되며, 기장세액공제(20%(복식장부))를 받을 수 없으므로 기장신고에 비해 세부담이 20% 이상이 늘어나는 결론이 된다. 그러나 현실적으로 프리랜서의 경우 기장을 할 수 있는지 여부와 했을 때의 실익이 있는지 여부는 고민해야 될 문제이다.

TIP 무기장가산세가 적용되지 않은 소규모사업자
- 2011년도 중 신규사업자
- 직전연도(2010년 귀속)의 수입금액이 4,800만 원에 미달하는 자
- 과세표준확정신고의무가 면제되는, 연말정산하는 사업소득만 있는 보험 모집인 및 방문판매원
복식부기의무자(직전연도 수입금액 7,500만 원 이상)가 추계신고를 할 경우에는 수입금액의 과 산출세액 20% 중 큰 금액이 무신고가산세로 적용된다.

(2) 단순경비율에 의한 신고

① 적용대상자

직전연도 수입금액이 다음 금액 이상인 자로서 장부를 기장하지 않은 사업자는 기준경비율적용 대상자가 되고, 다음 금액 미만인 사업자는 단순경비율 적용 대상자가 된다. 다만, 2011년 이후에 신규로 사업을 개시한 사업자 중에서 수입금액이 복식부기의무(연간 7,500만 원 이상)에 해당하면 단순경비율을 적용할 수 없다. 그 이외의 신규 사업자는 단순경비율 적용이 가능하다.

업종	기준수입금액
가. 농업·수렵업 및 임업, 어업, 광업, 도·소매업, 부동산매매업, 기타 나 및 다에 해당하지 아니하는 업	6,000만 원
나. 조업, 숙박 및 음식점업, 전기·가스 및 수도사업, 건설업, 운수업, 통신업, 금융 및 보험업	3,600만 원
다. 부동산임대업, 사업서비스업, 교육서비스업, 보건 및 사회복지사업, 오락·문화 및 운동관련 서비스업과 기타 공공·수리 및 개인서비스업, 가사 서비스업	2천4백만 원

> **TIP** 사업소득 연말정산 대상자(보험모집인, 방문판매원)의 경우에는 타소득이 있더라도 재계산하지 아니하고 연말정산 추계소득금액을 그대로 인정한다.

② 단순경비율에 의한 소득금액의 계산

소득금액 = 수입금액 - (수입금액×단순경비율)

③ 단순경비율 적용 시 유의사항

가. 단순경비율과 기준경비율 중 유리한 방법으로 적용하여 추계신고

단순경비율 적용대상자는 단순경비율에 의한 소득금액과 기준경비율에 의한 소득금액 중 유리한 방법으로 신고가 가능하다.

나. 인적용역사업자(프리랜서 등)에 대한 단순경비율 초과율 적용

인적용역사업자(프리랜서 등)에 대한 단순경비율은 수입금액 4천만 원까지는 기본율을 적용하고 4천만 원을 초과하는 금액에 대하여서는 초과율을 적용한다.

예를 들어보면

A씨는 프로그래머(업종코드 940909)로 2011년도 수입금액은 46,000,000원이고 단순경비율 적용대상자이다. 소득금액을 계산하여 보면

46,000천원 - {40,000천원×75%+(46,000천원-40,000천원)× 65%)} = 12,100천원

참고로 단순경비율은 기본율이 75%이고 4천만 원 초과에 대한 초과율은 65%라고 가정한다.

④ 일반율과 자가율의 적용

일반적으로 프리랜서의 경우에는 일반율만 적용하고 자가율은 적용하지 않는다. 즉, 자가율 적용배제업종(업종코드 940100~940919)에 해당한다. 따라서 아래사항은 참고사항이다.

가. 일반율

단순경비율은 사업장에 대한 임차료를 지급하는 사업자에
게 적용되는 율이다.

나. 단순경비율의 자가율 적용

임차료를 지급하지 않은 자가사업자의 경우에는 단순경비율
의 일반율에 0.3을 차감하여 적용한다.

다. 자가율 적용배제 업종

농업·임업 및 어업(011000~052200), 광업(101000~143200),
전기·가스·증기 및 수도사업(401000~410000), 건설업
(451101~453000), 도소매업(522099, 523132, 525200), 운
수업(601000~621000, 630301~630302, 630309~630403,
630500, 630701~630909, 641201, 749906), 금융 및 보험업
(659201~659902, 660100~672000, 749904), 부동산업 및
임대업(630304, 701101~701700, 703011~713003, 749934,
921404, 930903), 전문·과학기술 및 기술서비스업(730000,
741108) 인적용역(940100~940919), 가구내 고용활동
(950000~950001)

라. 장애인에 대한 적용 특례

단순경비율 적용 대상자로서 소득세법시행령 제107조 제1
항에 규정된 장애인에게는 경비율에 대한 특례가 적용된

다. 다만, 규정에 적합한 장애인으로서 장애인증명서를 제
출하는 장애인이 직접 경영하는 사업에 한하여 적용한다.

⑤ 장애인에게 적용되는 단순경비율

단순경비율 + (100% - 단순경비율)×20%

⑥ 장애인 적용 단순경비율의 계산은 소수점 2자리부터는 절사
하여 계산한다.

2) 기장(장부)에 의한 신고

기장에 의한 신고는 직전년도 수입금액에 따라 간편장부대상자
와 복식부기의무자로 구분되며 복식부기의무자는 다시 내부조정계
산서 첨부대상자와 외부조정계산서 첨부대상자로 나누어진다. 각각
구분기준은 수입금액에 의해서 나누어진다.

프리랜서의 경우 수입금액 7천5백만 원으로 간편장부와 복식부
기 의무자로 나누어지며 또, 1억5천만 원을 기준으로 내부조정대상

자와 외부조정대상자로 나누어진다.

각각의 차이점과 장단점에 대해 알아보자.

(1) 간편장부대상자

간편장부대상자란 프리랜서의 경우 직전년도 수입금액을 기준으로 7천5백만 원 미만인 경우에 해당한다.

즉, 2012년도 5월31일까지 신고 납부해야 되는 종합소득세의 경우 2010년도의 수입금액을 기준으로 2011년도의 기장대상자를 판단한다. 2010년도 수입금액이 7천5백만 원 이상이면 복식부기대상자로, 7천5백만 원 미만이면 간편장부대상자가 된다.

간편장부는 간단하게 가계부 사용하듯이 기장할 수 있는 것으로 규모가 작은 사업자의 기장능력을 고려하여 국세청이 정해 놓은 것이다. 간편장부대상자가 복식부기에 따라서 기장을 하면 세액의 20%가 기장세액공제로 공제된다. 또한 소규모 사업자를 제외한 간편장부대상자가 장부에 의하여 기장을 하지 않고 추계 등으로 신고를 하는 경우에는 산출세액의 20%를 무기장가산세로 추징한다.

여기서 말하는 소규모 사업자란 해당연도 신규사업자와 직전과 세기간 총수입금액의 합계액이 4,800만 원 미만인 사업자를 말한다. 또한 독립된 자격의 보험모집인, 방문판매원인 간편장부대상자가 받은 사업소득으로서 원천징수의무자가 사업소득 연말정산을 한 경우에는 직전연도수입금액 7천5백만 원미만으로 간편장부대상자에 해당하면 사업소득 연말정산과 상관없이 소규모 사업자에 해당한다.

마지막으로 간편장부를 기장하면 실제 결손(적자)이 발생하는 경우 10년간 이월해서 공제를 받을 수 있으니 기장을 하지 않으면 결손이 난 경우에도 다음연도로 결손금을 이월해서 공제를 받을 수 없는 단점이 있다.

① 간편장부 작성요령

간편장부 작성요령은 거래가 발생한 날짜 순서대로 매출액 등 수입금액과 매입액 등 비용에 관한 사항 및 고정자산의 증감 사항을 간략히 기록하면 된다.

간편장부에 대한 서식은 국세청홈페이지(http://www.nts. go.kr)에서 구할 수 있다.

② 간편장부 작성 시 지켜야 할 사항

간편장부작성자는 장부 및 증빙서류를 소득세 확정신고 기한(과세기간 다음해 5월31일)이 지난날부터 5년간 보관해야 한다. 또한 결손으로 인하여 이월공제를 받는 경우에는 이월결손금을 공제한 과세기간의 확정신고 기간으로부터 1년간 보존해야 된다.

(2) 복식부기 의무자

복식부기의무자는 프리랜서의 경우 직전과세연도수입금액을 기준으로 7천5백만 원 이상인 경우를 말한다.

예를 들면 2010년도 수입금액이 7천5백만 원 이상인 프리랜서의 경우 2011년도에 복식부기의무자가 된다. 복식부기의무자의 경우에는 5월말까지 사업용 계좌를 개설신고 해야 한다.

즉, 2011연도에 복식부기의무자에 해당하면 2011년도 5월말까지 사업용 계좌를 개설신고 해야 하고 만약 개설신고를 하지 않으면 가산세가 부과된다.

또한 복식부기의무자가 복식부기에 따라 기장을 하지 않을 경우에는 무신고가산세 20%와 무기장가산세 20% 중 큰 금액으로 가산세를 부과한다.

따라서 복식부기의무자의 경우 추계신고(단순경비율, 기준경비율) 시 무기장가산세와 무신고가산세가 동시에 적용되며 이 경우 큰 금액으로 과세하도록 되어 있으므로 무신고가산세가 적용된다.

① 복식부기의무자가 추계신고 할 시 불이익

　복식부기의무자인 프리랜서가 복식부기에 의한 신고를 하지 않고 경비율에 의한 추계신고 할 시에 받는 불이익을 살펴보면 첫 번째로 산출세액의 20%가 무신고가산세로 부과된다.

　두 번째로 기준경비율의 원래경비율의 만 적용된다.

　따라서 복식부기의무자에 해당하는 프리랜서의 경우에는 큰 불이익이 예상되므로 될 수 있으면 복식부기에 의한 신고를 해야 한다.

다른 소득이 있는 경우

프리랜서의 경우 사업소득만 있는 경우도 있지만 근로소득이나 기타 소득 등 다른 소득이 있는 경우도 있다. 이럴 경우 종합소득금액의 계산에 대하여 알아보자.

01 | 프리랜서와 근로소득

근로소득은 근로를 제공하고 받는 일체의 금품으로서 다른 소득이 없고 근로소득만 있는 경우에는 연말정산으로써 과세가 종결되고 종합소득세 신고를 하지 않아도 된다. 그러나 일반 직장에 다니면서 프리랜서를 한다면 5월에 꼭 종합소득신고를 해야 된다.

회사에서 받는 근로소득의 경우는 연말정산을 통하여 정산이 되고 거기서 나온 근로소득금액을 사업소득과 합산하여 다시 종합소득세 신고를 하게 된다.

다만, 흔히 아르바이트라고 불리는 일용근로자의 경우에는 원천징수로써 납세의무가 종결되기 때문에 사업소득외 일용근로자로서의 소득이 있는 경우에도 합산되지 않는다.

1) 일용근로자

동일한 고용주에게 1년 이상 계속하여 고용된 자로서 건설공사에 종사하는 자와 근로계약에 따라 동일한 고용주에게 3개월 이상 계속하여 고용되어 있지 아니한 자를 뜻한다.

원천징수 세액은

(1일지급금액 - 근로소득공제(10만 원))×6% - 근로소득세액공제 55%

원천징수 금액이 1,000원 미만일 때는 소액징수부로서 원천징수 하지 않는다.

TIP 절세팁

3개월 미만의 단기간 아르바이트의 경우 근로소득과 아르바이트 그리고 사업소득(프리랜서) 중 어느 하나에 선택권이 주어진다면 가장 좋은 방안은 아르바이트가 될 것이다. 일당 10만 원까지는 비과세이고 세율도 6%이기 때문에 가장 큰 절세효과를 가지게 된다.

02 | 프리랜서와 기타소득

기타소득은 일시적 우발적으로 발생하는 소득으로서 이자, 배당, 사업, 근로, 연금소득 이외의 소득을 말한다. 다만, 그 소득이 계속적 반복적으로 발생하고 사업의 형태를 가지고 있으면 사업소득으로 본다.

기타소득으로 열거되어 있는 부분을 살펴보면,

1) 양도 및 대여로 인한 소득

① 저작권 또는 음반제작자, 방송사업자 외의 자가 저작권 등의 양도나 사용의 대가로 받는 금품

② 영화필름, 텔레비전, 라디오, 테이프 등의 권리를 양도하거나 사용한 대가로 받는 금품

③ 광업권, 어업권, 산업재산권, 산업정보 및 산업상의 비밀, 상표권, 영업권(점포임차권 포함), 토사석의 채취허가에 따른 권리, 지하수 개발 이용권, 그 밖에 이와 유사한 자산이나 권리를 양도하거나 대여하고 그 대가로 받는 금품

④ 물품(유가증권 포함) 또는 장소를 일시적으로 대여하고 사용료로써 받는 금품

2) 사행성 행위 등에 의한 당첨금

① 상금, 현상금, 포상금, 보로금 또는 이에 준하는 금품

② 복권, 경품권 기타 추첨권에 의하여 받는 당첨금품

③ 사행행위 등 규제 및 처벌특례법에서 규정하는 행위에 참가하여 얻는 재산상의 이익

④ 한국마사회법에 따른 승마투표권, 경륜 경정법에 따른 승자투표권, 전통소싸움경기에 관한 법률에 따른 소싸움경기투표권 및 국민체육진흥법에 따른 체육진흥투표권의 구매자가 받는 환급금

⑤ 슬롯머신 및 투전기 및 그 밖에 이와 유사한 기구를 이용하는 행위에 참가하여 받는 당첨금품, 배당금품 또는 이에 준하는 금품

3) 기타 사업성이 없는 일시적 재산소득

① 계약의 위약, 해약으로 인하여 받는 위약금과 배상금

② 유실물 습득 등으로 인한 보상금

③ 원고료, 저작권사용료인 인세, 미술 음악 또는 사진에 속하는 창작품에 대하여 받는 대가 등

④ 일시적으로 인적용역을 제공하고 지급받은 대가

4) 기타소득금액의 계산

기타소득금액 = 총수입금액 - 필요경비

5) 세율 = 기타소득금액의 20%

6) 기타소득의 과세방법

기타소득은 원천징수를 하고 추후에 종합소득세 확정신고를 한
다. 다만, 무조건 종합소득세 신고를 해야 하는 경우가 있고 납세자
가 선택할 수 있는 경우가 있다.

① 무조건 분리과세

원천징수로써 납세의무가 종결되는 경우로서 납세자는 종합소
득세 확정신고를 할 필요가 없다.

복권당첨소득, 승마권, 승자투표권의 구매자가 받는 소득, 슬
럿머신 당첨금, 신용카드 등의 사용자에 대한 보상금이 이에
해당한다.

② 선택적 분리과세

위의 무조건 분리과세 이외의 기타소득은 종합소득세 과세대

상이나 기타소득금액이 연간 300만 원 이하인 경우에는 선택하여 종합소득세 신고를 할 수도 있고 하지 않을 수도 있다.

03 | 프리랜서와 연금소득

종합소득세가 과세되는 연금소득은 국민연금, 공무원연금, 군인연금, 근로자퇴직보장법에 의하여 퇴직자가 받는 연금, 연금저축에 의한 개인연금 등이다.

연금 소득금액에 600만 원 이하인 경우에는 종합소득세 신고 시 합산여부를 선택할 수 있다.

04 | 프리랜서와 금융소득

금융소득에는 이자소득과 배당소득이 있으며 대부분 분리과세의 형태를 취하고 있다. 즉, 대부분의 금융소득은 4천만 원이내의 경우에는 종합소득에 합산하지 않고 4천만 원이 초과하는 경우에는 종합소득에 합산하는 형태를 취하고 있다.

종합소득공제

01 인적공제

인적공제란 본인 및 배우자, 생계를 같이 하는 가족에 대해 당해 소득자의 생계비용을 고려하여 기본공제·추가공제 및 다자녀추가공제 제도를 두고 있으며 이를 총괄하여 인적공제라는 명칭을 쓴다. 또한 인적공제의 합계액이 소득금액을 초과하는 경우에 그 초과하는 금액은 없는 것으로 한다.

기본공제대상에서 주의해야 할 것은 나이요건과 소득요건이 있는데 소득요건은 연간소득금액이 100만 원 이하이고 배우자와 장애인 이외에는 나이요건도 검토해야 한다.

그리고 추가공제는 기본공제를 받는 소득자만 가능하나, 예외적으로 6세 이하 추가공제에 대하여서는 예외를 인정하고 있다. 즉, 남편이 6세 이하 자녀에 대해 기본공제를 하고 6세 이하 자녀에 대한 추가공제를 받지 않고 아내가 해당 자녀에 대한 추가공제를 받는 것도 가능하다.

다자녀 추가공제는 기본공제 해당 자녀가 2명 이상인 경우에만 공제가 가능하므로 자녀가 2명 이상이더라도 나이기준이나 소득기준을 충족하지 못해서 기본공제 대상 자녀가 2명 미만인 경우에는 적용받을 수 없다. 적용 방법은 2명인 경우에는 100만 원 공제, 3명인 경우에는 300만 원 공제, 4명인 경우에는 500만 원 공제하는 방법으로 한다.

1. 공제 대상자 판정기준

본인의 인적공제대상자가 동시에 다른 소득자의 인적공제대상 가족에 해당하는 경우 1명만 공제를 받을 수 있다. 예를 들어 6세의 자녀가 나와 소득이 있는 배우자와 동시에 인적공제 대상이 해당되는 경우 나와 배우자 중 1명만 공제를 받을 수 있다. 즉, 내가 기본공제 대상자로 공제를 받으면 배우자는 공제받을 수 없고 배우자가 자녀를 기본공제 대상자로 공제 받으면 본인이 공제받을 수 없다.

만약에 2명 이상의 소득자가 공제대상가족을 서로 자기의 공제대상 가족으로 신고서에 기재할 경우에 누구의 공제가족으로 할 것인지 알 수 없는 경우에 판단 기준은 배우자가 있는 경우 배우자 우선이고, 그 다음으로 직전연도 기본공제를 받은 소득자가 우선이고 마지막으로 직전연도에 받지 않은 경우 해당연도 소득금액이 큰 근로자가 우선한다.

2. 공제대상자 판정 시기

일반적인 경우에 판정 시기는 과세기간종료일인 12월31일자 상황에 의한다. 하지만 과세기간종료일(12월31일) 전에 사망하거나 장애가 치유된 경우에는 사망일 전일 또는 치유일 전일의 상황에 의한다. 다시 말하면 연도 중에 사망한 기본공제 대상자가 있을 경우 기본공제 대상자로 포함할 수 있다는 이야기다.

공제대상 판정 시기

구 분	판정 시기
일반적인 경우	12월31일의 상황에 의함
사망 또는 장애가 치유된 경우	사망일 전일 또는 치유일 전일의 상황에 의함

3. 소득금액 요건

기본공제대상가족의 연간 소득금액의 합계액이 100만 원 이하인 경우에 해당하는 것으로 종합소득금액, 퇴직소득금액, 양도소득금액의 합계액을 의미한다. 다만, 비과세소득이나 분리과세소득만 있는 경우에는 소득금액 요건을 충족한 것으로 본다.

이를 소득별로 보면,

① 근로소득의 경우 비과세급여를 제외한 총급여액이 500만 원 이하인 경우, 일용근로소득(분리과세 소득)만 있는 경우

② 금융소득은 비과세소득만 있는 경우거나 금융소득의 합계액이 4천만 원 이하인 경우

③ 사업소득 등은 작물재배 소득만 있는 경우, 또는 주택1채(고

가주택 제외)를 소유한 경우의 주택임대소득의 경우

④ 연금소득은 2001년 12월31일 이전에 불입분을 기초로 한 국
민연금·공무원 연금인 경우나 유족연금을 수령하는 경우 등
이다.

4. 기본공제에 대한 예시

① 이혼한 배우자나 사실혼 관계, 내연의 관계에 있는 배우자는
공제대상에 해당되지 않으나 연도 중에 사망한 배우자는 공제
가 가능하다.
② 직계존속(부모)의 재혼으로 인한 경우에는 생부, 생모, 계부,
계모도 공제 대상이 된다.
③ 직계존속은 부모, 조부모, 시부모, 시조부모, 장인, 장모 등을
포함한다.
④ 직계비속은 아들, 딸, 손자, 손녀, 외손자, 외손녀를 포함한다.
⑤ 형제자매는 해당 본인만 해당되고 형제자매의 배우자(형수, 제
수)는 해당되지 않으나 배우자의 형제자매(처남, 처제, 시동생,
시누이)는 생계를 같이 하면 기본공제 대상자에 해당한다.
⑥ 기타 삼촌, 고모, 외삼촌, 이모, 조카, 며느리, 사위는 공제대상
에 해당되지 않는다.
⑦ 예외적으로 직계비속으로 기본공제 대상 장애인이고 그 배우
자가 소득금액이 100만 원 이하의 장애인인 경우 해당 직계비

속과 그 배우자는 공제대상이 된다. 즉, 아들이 장애인이고 며느리도 장애인으로서 소득금액이 100만 원 이하인 경우에는 공제대상에 해당한다.

⑧ 자녀 학업 등을 위해 외국에 있는 배우자나 직계비속의 경우 연간 소득금액이 1백만 원 이하인 배우자와 20세 이하의 직계비속은 공제대상에 해당한다.

⑨ 해외에 영주하고 있는 직계비속의 경우에도 본인이 실제 부양하고 있는 경우에는 기본공제가 가능하다.

5. 추가공제

기본 공제 대상자가 다음의 추가공제 요건에 해당하는 경우 당해 종합소득금액에서 추가로 공제한다.

주의해야 할 요건이 기본공제대상자 중에서 그 요건을 충족하는 경우에 소득공제를 한다는 것이다. 부모님이 경로우대대상 나이에 해당되더라도 내가 기본공제를 받지 않고 나의 형제자매가 부양하고 공제를 받는다면 경로우대자 공제를 받지 못하게 된다. 다만, 예외적으로 6세 이하의 자녀인 경우에는 기본공제 대상자가 아닌 경우라도 공제를 받을 수 있다. 즉, 6세 이하 자녀의 기본공제는 배우자가 받고 나는 6세 이하 자녀에 대한 추가공제를 받을 수 있다.

대상	공제요건	금액
경로우대자	기본공제대상자 중 만 70세 이상	1명당 연 100만 원
장애인	기본공제대상자 장애인	1명당 연 200만 원
부녀자(*)		1명당 연 50만 원
6세 이하(*)		1명당 연 100만 원
출산, 입양(*)		1명당 연 200만 원

(*) 부녀자공제의 경우 배우자가 있는 여성근로자이거나 배우자가 없는 여성 근로자인 경우 기본공제대상부양가족이 있는 세대주

(*) 6세 이하 자녀의 경우 직계비속, 입양자, 위탁아동

(*) 출산입양의 경우 기본공제대상자가 해당 과세기간에 출생한 직계비속 또는 입양신고한 입양자

6. 장애인의 범위

① 장애인복지법에 의한 장애인으로서 장애인 등록증으로 확인 가능하다

② 국가유공자 등 예우 및 지원에 관한 법률에 의한 상의자

③ 상이자와 유사한 자로서 근로능력이 없는 자

국가유공자 등 예우 및 지원에 관한 법률 시행령 별표3에 규정된 상이등급 구분표에 게재하는 상이자와 같은 정도의 신

체장애가 있는 자로서 보훈청에서 발급한 장애인 증명서를 제
출해야 한다.

④ 항시 치료를 요하는 중증환자

장기간 치료를 요하는 만성 신부전증 환자, 취학·취업이 곤란
한 중증 암환자, 고엽제후유증 환자는 장애인에 해당된다.

⑤ 장애인의 경우 본인을 제외하고 기본공제 및 추가공제에서 연
령제한은 없으나 소득금액(100만 원 이하) 제한은 있다.

⑥ 부녀자 공제의 경우 배우자가 있는 여성의 경우에는 배우자의
소득유무와 상관없이 공제 가능하다.

7. 다자녀 추가공제

근로소득과 사업소득이 있는 거주자로서 근로소득, 사업소득 범
위 내에서 기본공제 대상 자녀가 2인인 경우에 100만 원, 3인 이상
인 경우에는 1인당 200만 원씩 추가 공제한다.

① 손자·손녀는 다자녀 추가공제 대상 자녀에 해당되지 않는다.

② 맞벌이 부부의 경우 2명의 20세 미만 자녀에 대해 부부가 각
각 1명씩 기본공제를 한 경우, 부부 모두 다자녀 추가공제를
할 수 없다.

③ 기본공제 대상인 자녀 중 나이는 20세 이상이고 장애인으로
서 소득이 없는 경우에 다자녀 추가공제는 원칙적으로 소득요
건, 나이요건의 충족을 필요로 하나 장애인인 경우에는 해당

자녀를 포함하여 2인 이상인 경우에는 추가공제가 가능하다.

④ 맞벌이 부부의 경우 소득금액이 높은 자에게 자녀에 대한 기본공제를 한꺼번에 받는 게 유리하다.

인적공제 요약표

▶ **기본공제**

구분	명칭	요건		
		소득요건	나이요건	소득요건
	본인	×	×	○
	배우자	○	×	○
	직계존속	○	만 60세 이상	○
	형제자매	○	만 60세 이상 만 20세 이하	○
	직계비속	○	만 20세 이하	○
	위탁아동	○	만 18세 미만	○

공제금액: 1인당 150만 원

소득요건: 연간소득금액 합계액 100만 원 이하 장애인의 경우 나이요건 적용하지 않음

▶ 추가공제

구분	명칭	금액	요건
	경로우대	1명당 100만 원	기본공제대상자중 만 70세 이상
	장애인	1명당 200만 원	기본공제 대상자 중 장애인
	부녀자(*)	1명당 50만 원	
	6세 이하(*)	1명당 100만 원	만 6세 이하 자녀·입양자·위탁아동
	출산, 입양	1명당 200만 원	기본공제 대상자로서 해당 연도에 출생한 직계비속과 입양신고한 입양자
다자녀 추가공제	자녀 2명 100만 원 + 추가 1인당 200만 원		

(*) 부녀자 공제: 배우자가 있는 여성 근로자 또는 기본공제대상자가 있는 여성 근로자로서 세대주

(*) 6세 이하 자녀: 본인이 6세 이하 추가공제를 받지 아니한 경우 배우자도 공제 가능

02 연금보험료 공제

1. 연금보험료 부담분 등을 납부한 경우 해당 연도의 종합소득금액에서 공제한다.

2. 국민연금보험료: 직장가입자는 본인부담액을 지역자입가는 불입액 전액을 공제한다.

3. 개인연금저축(2000년 이전): 연간불입액의 40%를 72만 원의 한도액으로 공제한다. 즉, 해당연도 총 불입액이 180만 원인 경우 72만 원 공제받고 그 이상인 경우에도 72만 원까지 공제 받는다.

4. 연금저축(2001년 이후): 연간불입액 전액을 400만 원 한도로 공제받는다.

5. 근로소득자의 경우 확정기여형 퇴직연금에 불입한 금액으로서 연금저축과 합하여 400만 원 한도로 공제받을 수 있다.

6. 부양가족의 국민연금보험료는 공제가 불가능하다.

7. 개인연금저축과 연금저축을 동시에 가입한 경우에는 중복적용이 가능하다. 즉, 개인연금저축은 연간 72만 원 한도에서 공제 가능하고 연금저축은 연간 400만 원 한도에서 공제 가능하므로 최대 472만 원 공제 가능하다.

8. 근로자 이외의 명의로 가입한 개인연금저축 및 연금저축은 공제가 불가능하다.

 # 특별공제와 그 밖의 소득공제

특별공제의 대부분은 근로자들을 위한 공제이다.

근로자들은 과표가 투명하게 노출되고 비용부분을 산정할 수가 없어서 일반사업자에 비하여 불리한 부분 등 사업자와 과세형평을 맞추는 기능과 조세정책 등의 기능으로 여러 가지 특별공제를 많이 해주고 있다. 실제 프리랜서 소득만 있는 사업자라면 특별공제는 표준공제와 기부금공제 이외에는 공제할 부분이 없다고 할 것이다. 다만, 프리랜서소득 이외에 근로소득이 있는 자는 많은 부분 혜택을 볼 수 있다.

아래 표에서는 특별공제와 해당되는 공제소득에 관하여 정리하였다. 종합소득공제는 프리랜서 소득은 물론 근로소득 등 다른 종합소득에서 공제가 가능하고 근로소득은 근로소득자만 공제가 가능하다.

공제종류	공제대상 소득
표준공제	종합소득
기부금공제	종합소득
의료비공제	근로소득 및 성실사업자
보험료공제	근로소득

장애인전용보장성보험공제	근로소득
교육비공제	근로소득 및 성실사업자
신용카드소득공제	근로소득
주택자금공제	근로소득

> **TIP** 3.3%공제하는 사업소득만 있는 프리랜서의 경우는 표준공제, 기부금공제만 해당한다. 사업소득 이외에 근로소득이 별도로 있는 경우에는 나머지 공제도 가능하다.
>
> 특별공제는 당해 소득자 및 소득자의 기본공제대상자에 대하여 적용되므로 혼인, 이혼 등으로 기본공제대상자에 해당되지 않는 경우 당해 사유가 발생하기 전까지 지급한 금액에 대하여서만 특별공제가 가능하다. 예를 들어 기부금공제의 경우 20×1년 6월 30일 이혼하였으면 배우자의 기부금공제는 배우자가 20×1년 6월 30일까지 지출한 기부금에 대하여 기부금공제를 적용받을 수 있다.

1. 표준공제

　표준공제는 근로자의 경우는 표준공제와 특별공제 중 선택하여 적용이 가능하나 근로소득이 없는 종합소득자는 표준공제만 적용 가능하다. 즉, 근로자는 표준공제와 표준공제 이외의 특별공제 중 큰 금액을 적용할 수 있고, 근로자 이외의 종합소득자는 표준공제를 일률적으로 적용 가능하다. 예를 들어 근로소득이 있는 종합소득자(근로소득과 사업소득이 있는 경우)는 표준공제와 기타 특별공제의 합계액 중 유리한 금액으로 공제 선택이 가능하고 종합소득(사업소득만 있거나, 사업소득과 기타소득 등 근로소득 이외의 다른 소득이 있는 경우)이 있는 경우는 표준공제 항목과 기타 특별공제(기부금공제 등) 항목을 같이 적용할 수 있다.

① 근로소득자의 표준공제: 100만 원

② 근로소득 이외자의 표준공제: 60만 원

③ 성실사업자 표준공제: 100만 원

④ 근로소득과 사업소득이 함께 있는 경우 근로소득금액과 상관 없이 표준공제 100만 원이 공제되며 이때 표준공제와 기부금 공제는 중복해서 적용받을 수가 없다.

2. 기부금공제

기본공제대상자인 사업소득자 본인, 배우자 및 직계존비속, 형제자매가 해당 연도에 지급한 기부금은 해당소득금액에서 공제한다. 다만, 정치자금 기부금은 소득자 본인이 기부한 경우에만 공제가 가능하다. 기부금의 종류는 기획재정부 홈페이지에 자세히 나와 있지만 기부금 영수증에 보면 해당 기부금이 어디에 해당하는지 쉽게 알 수 있다.

1) 법정기부금

국가, 지방단체, 국방헌금, 문화예술진흥기금, 사회복지공동모금회에 지출하는 기부금 등 특정기부금은 법정기부금으로 종합소득공제 시 공제가 가능하고 해당소득금액을 한도로 공제한다. 또한, 법정기부금은 이월공제가 가능하므로 당해 법정기부금이 소득금액을 초과하는 경우에는 다음해로 이월해서 공제가 가능하다.

(1) 정치자금

정당에 기부한 후원금, 당비 등 정치자금은 10만 원까지는 $\frac{10}{11}$ 을 세액공제하고 나머지 10만 원을 초과하는 금액은 소득공제 또는 필요경비로 산입이 가능하다.

(2) 재난복구 자원봉사의 경우

재난복구를 위한 자원봉사의 경우 유류대 및 재료비 등 실지발생비용과 인건비를 법정기부금으로 하여 공제가능하다.

공제금액은 일당 5만 원과 실제 발생한 유류대 및 재료비 등을 법정기부금으로 공제한다.

$$(\text{봉사일수} \times 5\text{만 원}, \ \text{봉사일수} = \frac{\text{봉사시간}}{8\text{시간}})$$

2) 특례기부금

2011년 6월 31일까지의 지출분에 대하여 공제를 받을 수 있다.

특례기부금한도 = (해당소득금액 - 법정기부금) × 30%

3) 우리사주조합에 지출하는 기부금

특례법 제88조의4 제12항에 의하여 기업이 우리사주조합에 지출하는 기부금으로써 우리사주조합원이 그가 속한 우리사주조합에 지출하는 기부금은 제외된다. 따라서 실제적으로 프리랜서가 여기에 해당할 가능성은 거의 없다고 생각된다.

기부금소득공제 한도는 해당소득금액의 30%를 한도로 한다.

따라서 수식으로 표현하면,

우리사주기부금한도 = (해당소득금액 - 법정, 특례기부금)× 30%가 된다.

4) 지정기부금

법정기부금이나 우리사주조합기부금 이외의 기부금은 전부 지정기부금이라고 한다. 주로 법정기부금에 해당하지 않는 사회복지사업법에 의한 사회복지법인에 지출하거나 정부로부터 인허가 받은 문화예술단체 또는 환경보호운동 단체, 종교의 보급 기타 교화를 목적으로 설립하여 주무관청에 등록된 단체를 말한다. 기부금 단체에 관한 자세한 사항은 기획재정부홈페이지에 법령정보란에 공고하고 있다.

지정기부금의 한도는 소득금액의 30%이고 종교단체는 소득금액의 10%를 한도로 공제한다.

그리고 또한 지정기부금 중 한도 초과로 공제받지 못한 기부금은 이월하여 5년간 공제받을 수 있다.

특히 기부금에 대하여 유의할 점은 100만 원 이상의 기부금 소득공제를 받은 경우에는 국세청이 과세기간종료일로부터 2년 이내에 표본조사를 실시하고 허위 기부금영수증으로 부당공제를 받은 경우에는 부당과소신고가산세(부당세액의 40%)와 납부불성실가산세를 부과한다.

3. 의료비 공제(근로자 및 성실신고사업자만 해당)

기본공제대상자(연령 및 소득금액에 제한을 받지 아니함)를 위하여 당해 연도에 지출한 의료비 중 총급여액의 3/100을 초과하는 금액에 대하여 700만 원을 한도로 공제한다. 다만 기본공제대상자 중에서 본인과 65세 이상자, 장애인을 위하여 지출한 의료비의 경우에는 한도 없이 전액 소득공제가 가능하다.

여기에서 연령 및 소득금액의 제한을 받지 않는다는 의미는 20세 이상의 자녀는 기본공제대상에 해당되지는 않지만 그런 자녀를 위하여 지급한 의료비는 소득공제 대상이 된다는 의미이다. 또한 소득금액의 제한을 받지 않는다는 말은 소득이 있는 배우자는 기본공제대상은 아니지만 그런 배우자를 위하여 지출한 의료비는 공제가 가능하다는 의미이다.

다만, 동일 부양가족을 타인이 기본공제대상자로 한 경우 그 부양가족을 위하여 지출한 의료비는 공제가 불가능하다.

① 근로자 본인을 위해 지출한 의료비만 있는 경우에는 총급여액의 3%를 초과하는 금액만 의료비로 공제가 가능하다.

② 기본공제 대상 나이에 해당하지 않거나 소득금액이 100만 원이 초과하는 경우에도 생계를 같이 하고 있는 부양가족이고 그런 부양가족을 위하여 지출한 의료비는 공제 가능하다.

③ 형제들이 부모님을 위하여 분담한 의료비는 실제 부양하고 있는 본인이 지출한 의료비만 공제가능하고 다른 형제들이 지출한 의료비에 대하여서는 소득공제가 안 된다.

④ 외국병원에 지출한 의료비는 공제대상이 안 된다.

4. 보험료 공제(근로소득자만 가능)

근로자 본인 및 기본공제대상자(연령 및 소득금액에 제한이 있음)를 피보험자로 하여 근로자 및 가족이 계약한 보험으로서 당해 연도 중에 실제로 납입한 보장성 보험의 금액을 공제한도액까지 소득공제한다.

① 공제한도액: 건강보험료, 고용보험료, 노인장기요양보험료는 전액공제하고 보장성 보험료는 연간 100만 원 한도로 공제가능하며 장애인전용보장성 보험료는 100만 원 한도로서 공제 가능하다.

② 보험료 공제는 기본공제대상자의 나이 및 소득에 제약을 받는 것으로 계약자는 본인, 피보험자는 배우자로 가입한 보험의 경우 배우자의 소득금액이 100만 원을 초과하면 기본공제대상자에 해당되지 아니하므로 보험료공제는 불가능하다. 다만, 맞벌이 부부인 근로자가 본인을 계약자로 하고 피보험자가 부부공동인 보장성 보험인 경우에는 연말정산 시 보험료 공제가 가능하다.

③ 연도 중에 해약한 보험료라고 할지라도 해당 연도에 불입한 보험료는 소득공제 가능하다.

5. 교육비 공제(근로소득 및 성실신고사업자소득)

근로자와 기본공제대상자(연령에 제한은 없으나 소득의 제한은 있음)의 교육을 위하여 지급한 수업료, 입학금, 수강료 등 교육비는 해당 연도 소득금액에서 공제한다. 이 경우 초·중·고등학교 학생을 위한 교육비에는 학교급식법에 의한 급식비, 학교에서 구입한 교과서대, 방과 후 학교 수강료(교재비는 제외) 및 중·고생 1인당 50만 원 한도 내에서 교복구입비용도 포함된다.

① 본인은 전액공제 가능하고 대학원, 직업능력개발훈련시설 수강료, 시간제 등록의 경우도 포함하여 전액공제 가능하다.

② 장애인특수교육비의 경우 전액공제 가능하고 소득, 나이 제한 없이 공제 가능하다.

③ 기본공제대상자를 위한 교육비의 경우 취학 전 아동, 초·중·고등학생은 1명당 연 300만 원 한도 내에서 대학생은 1명당 연 900만 원 한도 내에서 공제 가능하고 대학원교육비는 공제 대상이 아니다.

④ 직계존속(부모)은 교육비 공제 대상은 아니다. 다만, 장애인특수교육비는 공제 가능하다.

⑤ 장학금을 받았다면 교육비 공제대상금액에서 차감한다.

⑥ 국외 교육비는 우리나라의 육아교육법에 의한 유치원, 초, 중등 교육법 또는 고등교육법에 의한 학교에 해당하는 기관에 지출한 교육비에 한하여 공제한다.

⑦ 초, 중, 고등학교학생의 학원비는 공제 대상이 아니다

6. 신용카드 소득공제(근로자만 해당)

근로자가 사업자로부터 재화나 용역을 제공받고 신용카드 등을 사용하여 지출한 금액에 대해 총급여액의 25%를 초과하는 금액에 대하여 20% 근로소득금액에서 공제하고 있다.

① 공제대상 신용카드의 종류는 신용카드, 직불카드 또는 기명식선불카드, 현금영수증, 직불전자지급수단, 기명식선불전자지급수단을 이용하여 결제한 경우와 학원의 수강료로서 지로를 이용하여 납부한 경우를 이야기한다.

② 공제대상자는 기본공제대상자에 해당하는 본인, 배우자, 직계존비속이 사용한 금액으로써 나이제한은 없고 소득금액의 제한은 있다. 즉, 나이가 20세 이상의 자녀의 경우에 자녀가 소득이 없으면 자녀가 사용한 신용카드도 공제 가능하다. 또한 형제자매의 경우는 공제가 불가능하다.

③ 자동차 구입비용, 연금보험료 등 보험료 지불액, 국세, 지방세, 전기·수도·가스료, 상품권구입액, 리스료 등은 공제가 안 된다.

④ 가족카드 등 카드는 대금결제자 기준이 아니라 카드명의 기준으로 판단한다.

⑤ 근로기간 중에 지출한 비용만 해당하고 그 이전이나 이후에 지출한 신용카드비용에 대하여서는 공제가 안 된다.

7. 주택임차차입금 원리금 상환액 공제(근로자만 해당)

과세기간종료일인 12월 31일 현재 무주택 세대의 세대주인 근로자가 국민주택규모(전용면적 85㎡ 이하, 수도권을 제외한 읍면지역은 100㎡ 이하)의 주택을 임차하기 위하여 대출기관이나 거주자로부터 차입하고 그 차입금의 원리금을 상환하는 경우에 상환금액의 40%를 소득공제한다. 한도는 월세액 소득공제 및 주택마련저축공제와 합해서 300만 원 한도이다.

8. 주택 월세액 소득공제(근로자만 해당)

과세기간종료일인 12월 31일 현재 무주택 세대의 세대주이며, 해당 과세기간의 총급여액이 3천만 원 이하이고 배우자 또는 부양가족이 있는 근로자가 국민주택규모(전용면적 85㎡ 이하, 수도권을 제외한 읍면지역은 100㎡ 이하)의 주택을 임차하기 위하여 월세액을 지급하는 경우에 월세액의 40%를 소득공제한다. 한도는 주택임차차입금 원리금 상환공제액 및 주택마련저축공제액과 합하여 300만 원이다.

① 요건: 월세액 외에 보증금 등을 지급한 경우에는 임대차계약증서에 주택임대차보호법 제3조 제2항에 따른 확정일자를 받아야 하고 임대차계약증서와 주소지 및 주민등록표 등본상의 주소지가 같아야 한다.

② 주의점: 월세액 소득공제 받는 월세액은 현금영수증 발급을 통한 신용카드 등 사용금액 공제와 중복적용이 불가능하다.

9. 장기주택저당차입금 이자상환액공제(근로자만 해당)

무주택 세대주인 근로자가 취득당시 기준시가 3억 원 이하의 국민주택규모(전용면적 85㎡ 이하, 수도권을 제외한 읍면지역은 100㎡ 이하)의 주택을 취득하기 위하여 해당 주택에 저당권을 설정하고 금융회사 등으로부터 차입한 자금에 대한 이자상환액에 대하여 1,000만 원(1,500만 원) 한도로 공제한다.

① 근로자로서 무주택자인 세대주에 한정하고 배우자는 주소지가 달라도 동일세대로 본다.

② 세대주가 주택 관련 소득공제를 받지 아니한 경우에는 세대의 구성원 중 근로자인 자가 소득공제를 받을 수 있다. 다만, 세대주가 아닌 경우에는 실제 거주를 해야 한다.

③ 차입금 상환기간이 15년 이상이고 장기주택차입금의 채무자가 해당 저당권이 설정된 주택의 소유자여야 한다.

④ 주택소유권이전등기 또는 보전등기일로부터 3월 이내에 차입해야 한다.

⑤ 예외적으로 2009년 12월부터 1년간 서울지역 이외의 미분양주택이나 신규분양주택을 구입하기 위하여 차입하는 경우에는 상환기간이 5년 이상이면 된다.

ⓖ 장기주택차입금을 일시 상환하여 기간요건이 충족 못하게 되는 경우에는 해당연도에 이자상환액은 소득공제가 불가능하다.

ⓗ 주거용 오피스텔의 경우에는 해당되지 않는다.

10. 주택마련저축 소득공제(근로자만 해당)

과세연도 중에 주택을 소유하지 않은 세대의 세대주인 근로자가 주택마련저축에 납입을 한 경우 납입한 금액의 40%를 공제한다.

그리고 세대주 여부는 과세연도 종료일 현재를 기준으로 판단하며, 배우자의 경우에는 세대를 달리하는 경우에도 동일 세대로 본다.

공제한도는 주택임차차입금 원리상환액 소득공제와 합하여 연 300만 원을 한도로 하여 공제한다.

11. 투자조합 등의 출자에 대한 소득공제

거주자가 중소기업창업투자, 개인투자조합, 벤처기업증권투자신탁에 투자하거나 개인이 직접 벤처기업에 투자하는 경우에 출자·투자하는 금액의 10%를 그 출자일 또는 투자일이 속하는 과세연도부터 출자 또는 투자 후 2년이 되는 날이 속하는 과세연도까지 거주자가 선택하는 1과세연도의 종합소득금액에서 공제한다. 다만, 소득금액의 30%를 한도로 하고, 2008년 이전 투자분에 대하여서는 소득금액의 50%를 한도로 한다. 또한 중소기업창업투자조합 등에 대한 소득공제를 받은 경우에 해당 소득공제액을 과세표준에 산입하여 계산한 산출세액과 당해 소득금액 공제액을 차감한 과세표준으로 계산한 산출세액의 차액의 20%에 상당하는 금액을 농어촌 특별세로 납부해야 한다.

즉, 중소기업창업투자조합 출자 등에 대한 소득공제를 하기 전에 산출한 세액과 소득공제 후 산출한 세액의 차액에 대하여 20% 만큼을 농어촌 특별세로 납부해야 한다.

① 타인의 출자지분이나 투자지분 또는 수익증권을 양수하는 방법으로 출자하거나 투자하는 경우에는 해당되지 않는다.

② 1회의 투자금을 분할하여 공제받을 수는 없고, 09년도에 출자 또는 투자하였으면 09년, 10년 11년 중 어느 한 연도를 선택하여 공제받을 수 있다.

③ 한 해에 2회 이상 투자하는 경우에는 각 회분마다 연도를 선택하여 공제가 가능하다.

12. 우리사주 조합출연금에 대한 소득공제

근로자복지기본법에 의한 우리사주조합원이 자사주를 취득하기 위하여 우리사주조합에 출연하는 금액에 대해 400만 원을 한도로 소득공제를 한다. 다만, 우리사주 취득을 위하여 우리사주조합에 출연하는 경우만 해당하고 우리사주외 주식취득은 대상이 아니다.

13. 소기업·소상공인 공제부금 소득공제

　중소기업중앙회의 소기업·소상공인 공제(노란우산공제)에 가입하여 납부하는 금액에 대해 연 300만 원을 한도로 종합소득금액에서 공제한다.

산출세액 및 공제 감면

01 산출세액

현재까지 (종합)소득금액을 구하고 여기에 소득공제를 해서 과세표준을 구하는 것까지 했고 그 이후에 과세표준에 세율을 곱하면 산출세액이 나오게 된다.

▶ 종합소득 기본세율

종합소득 기본세율은 최저 6%에서 최고 35%이다.

2011년	
1,200만 원 이하	과세표준의 6%
1,200만 원 초과 ~ 4,600만 원 이하	과세표준의 15% - 108만 원
4,600만 원 초과 ~ 8,800만 원 이하	과세표준의 24% - 522만 원
8,800만 원 초과	과세표준의 35% - 1,490만 원

02 | 세액공제, 감면

1. 기장세액공제

프리랜서의 경우 소득세법상 세액공제 중에서 기장세액공제가 해당한다고 할 수 있다.

간편장부대상자가 복식부기에 따라 기장을 하고 종합소득세 확정신고 시 제무제표 등을 제출하는 경우 종합소득 산출세액에서 20%의 세액공제가 적용된다.

공제한도는 100만 원을 한도로 한다.

$$\text{세액공제액} = (\text{종합소득금액} - \text{소득공제액}) \times \text{기본세율} \times \frac{\text{기장소득금액}}{\text{종합소득금액}} \times 20\%$$

> **TIP** 인적용역소득(프리랜서소득)만 있는 경우에는 (종합소득금액 - 소득공제액) × 기본세율 × 20%이다.
> 다만, 비치 기장한 장부에 의하여 신고해야 할 소득금액의 100분의 20 이상을 누락하여 신고하거나 기장세액공제와 관련된 장부 및 증빙서류를 당해 과세표준 확정신고기간 종료일(5월 31일)부터 5년간 보관하지 아니한 경우에는 감면받은 세액을 추징한다. 그러나 천재지변 등 부득이한 경우에는 예외로 한다.

2. 근로세액공제(사업소득 + 근로소득)

    사업소득(프리랜서)과 근로소득이 같이 있는 경우 근로소득 세액 공제를 받을 수 있다.

    산출세액이 50만 원 이하의 경우에는 산출세액의 55%, 산출세액이 50만 원 초과의 경우에는 275,000원 + 50만 원 초과액의 30%를 근로소득세액으로 공제한다. 다만 50만 원을 한도로 한다. 즉, 근로소득 산출세액이 1,250,000원 이상인 경우에는 50만 원을 공제한다.

$$근로소득세액공제 = (종합소득산출세액 \times \frac{근로소득금액}{종합소득금액}) \times 공제율$$

간단히 예를 들어보자면,

    A씨는 2011년도 중에 근로소득금액 12,000,000원, 프리랜서로 인한 사업소득금액 50,000,000원이고 종합소득 산출세액이 3,000,000원이라고 가정하면, 근로소득 산출세액은

$$3,000,000 \times (\frac{12,000,000}{50,000,000}) \times 공제율 = 720,000 \times 공제율$$

$$= 275,000 + 220,000 \times 30\% = 341,000원이 근로소득공제금액이$$

된다.

3. 기타 소득세법상 세액공제

    기타 소득세법상 세액공제로는 배당세액공제와 외국납부세액공제 그리고 재해손실세액공제가 있다.

4. 전자신고 세액공제

종합소득세 확정신고 의무가 있는 자가 종합소득세 확정신고 시
납세자가 직접 전자신고 시에 납부할 세액의 범위 내에서 2만 원을
공제한다.

가산세

01 신고납부 가산세

▶ **의의**

가산세는 세법이 규정하는 의무의 성실한 이행을 확보하기 위하여 그 세법에 의하여 산출한 세액에 가산하여 징수하는 금액(국기법2(4))을 말한다.

다만 가산세의 부과사유가 국세기본법 제6조 제1항의 규정에 따른 기한연장사유에 해당하거나 납세자의 의무 불이행에 대한 정당한 사유가 있는 경우에는 가산세를 부과하지 아니한다.

02 | 무신고가산세

무신고 가산세는 납세자가 각 세법에 규정된 법정신고기한까지 세법에 따른 과세표준신고서를 제출하지 아니한 경우에 적용된다.

1. 일반무신고 가산세

일반적인 무신고 가산세는 산출세액의 20%를 신고불성실가산세로 징수한다. 다만 복식부기의무자인 경우에는 산출세액의 20%와 수입금액의 0.07% 중 큰 금액으로 한다.

프리랜서의 경우로 적용시켜 보면 수입금액 7,500만 원 미만의 경우에는 산출세액의 20%를 무신고가산세로 적용하고 수입금액이 7,500만 원 이상이어서 복식부기의무자에 해당하면 산출세액의 20%와 수입금액의 0.07% 중 큰 금액으로 한다.

예를 들어보면 수입금액이 1억, 산출세액이 1천만 원인 경우에 무신고가산세의 적용은 1천만 원 × 20%와 1억 × 0.07% 중 큰 금액으로 가산세를 적용한다.

2. 부당무신고 가산세

부당무신고 가산세란 사기 기타 부정한 방법으로 과세표준을 신고하지 아니한 경우를 말하는 것으로 대표적인 부당한 방법으로는 이중장부의 작성 등 정부의 거짓기록이나 거짓증명 또는 거짓 문서의 작성, 장부와 기록의 파기, 재산을 은닉하거나 소득·수익·행위·거래의 조작 또는 은폐, 그 밖의 국세를 포탈하거나 환급·공제받기 위한 사기 그 밖의 부정한 행위 등이다.

부당 무신고의 경우 해당산출세액의 40%를 부당무신고 가산세로 징수한다. 다만, 복식부기의무자인 경우에는 해당산출세액의 40%와 수입금액의 0.14% 중 큰 금액으로 한다.

03 일반초과환급가산세

초과환급가산세는 납세자가 각 세법에 따라 법정신고기한 내(프리랜서의 종합소득세는 5월 31일까지)에 세법에 따라 과세표준신고서를 제출한 경우로서 세법에 따라 신고 납부해야 할 세액을 환급받을 세액으로 신고하거나 신고한 환급세액이 세법에 따라 신고해야 할 환급세액을 초과하는 경우에 적용한다.

즉, 세법에 따라 정확한 납부세액이 100만 원인 경우에 환급으로 100만 원 신청하거나 세법에 따라 정확한 환급세액에 100만 원인 경우에 환급세액으로 150만 원을 신청한 경우 적용된다고 하겠다. 일반 초과환급신고는 초과환급신고한 세액의 10%, 부당초과환급신고는 부당하게 초과환급한 신고세액의 40%를 가산세로 징수한다.

일반 초과 환급:

$$\text{초과환급신고한 세액} \times \frac{\text{일반과소신고과세표준}}{\text{과세표준}} \times \frac{10}{100}$$

부당 초과 환급:

$$\text{초과환급 신고한 세액} \times \frac{\text{부당과세신고과세표준}}{\text{과세표준}} \times \frac{40}{100}$$

04 과소신고 가산세

　과소신고 가산세란 납세자가 법정신고기한(종합소득세는 5월 31일까지)까지 과세표준신고서를 제출한 경우로서 신고한 과세표준이 세법에 따라 신고해야 할 과세표준에 미달한 경우에 적용한다. 즉, 신고자체를 안하면 무신고 가산세가 부과되고 신고는 했으나 신고해야할 금액보다 적게 신고한 경우에 과소신고 가산세가 적용된다.

　일반적인 과소신고 가산세는 산출세액의 10%를 신고불성실가산세로 징수한다.

　프리랜서의 경우로 적용시켜 보면 수입금액 7,500만 원 미만의 경우에는 산출세액의 10%를 과소신고 가산세로 적용한다.

　다만 부당 과소신고의 경우 해당산출세액의 40%를 부당무신고 가산세로 징수한다. 그리고 복식부기의무자인 경우에는 해당산출세액의 40%와 수입금액의 0.14% 중 큰 금액으로 한다.

① 일반과소신고

$$\text{산출세액} \times \frac{\text{과소신고한 과세표준 상당액}}{\text{과세표준}} \times \frac{10}{100}$$

② 부당과소신고

　일반적인 경우

$$산출세액 \times \frac{부당과소신고한\ 과세표준}{과세표준} \times \frac{40}{100}$$

　복식부기의무자(다음 중에 큰 금액)

$$산출세액 \times \frac{부당과소신고한\ 과세표준}{과세표준} \times \frac{40}{100}$$

$$수입금액 \times \frac{14}{10,000}$$

③ 원천징수한 소득세가 있는 경우

프리랜서의 경우에 소득금액의 3.3%를 원천징수하게 되고 이러한 원천징수한 소득금액을 누락하여 과소신고한 경우에는

$$(산출세액 \times \frac{일반무신고\ 과세표준}{과세표준} - 원천징수한\ 소득세액) \times 10\%$$

을 과소신고 가산세로 한다. 다만, 부당과소신고의 경우에는 적용하지 않는다.

05 | 납부·환급불성실 가산세

납부·환급불성실 가산세는 납세자가 세법에 규정한 납부기한 내에 세금을 납부하지 않거나 납부한 세액이 세법에 따라 납부해야 할 세액에 미치지 못하는 경우에 적용된다.

가산세액은

납부하지 아니한 세액 $\times$ 기간 $\times \dfrac{3}{10,000}$

초과환급한 세액 $\times$ 기간 $\times \dfrac{3}{10,000}$

이다.

납부불성실 또는 환급불성실 가산세 계산 시 적용 되는 기간의 계산 방법은 납부기한의 다음날 또는 환급받은 날의 다음날부터 자진납부일 또는 납세고지일까지의 기간에 대하여 적용한다.

예를 들면 프리랜서의 종합소득세 신고납부일은 5월 31일까지이고 이때까지 신고는 했으나 납부하지 못하고 6월 30일 날 납부했다고 가정하면 납부불성실 가산세에 가산하는 기간은 6월 1일부터 6월 30일까지 30일분을 가산한다.

06 증빙불비 가산세

사업자가 사업과 관련하여 다른 사업자나 법인으로부터 재화 또는 용역을 공급받고 법정증빙서류(계산서, 세금계산서, 신용카드매출전표, 현금영수증 등)를 수취하지 아니한 경우에 가산세를 적용한다.

가산세액은 법정증빙서류미수취금액의 2%이다.

1. 적용 배제 사업자

1) 소규모 사업자

증빙수취의무가 면제되는 소규모 사업자는 다음에 어느 하나에 해당되는 사업자를 말한다.

① 해당과세기간(1월 1일~12월 31일)에 신규로 사업을 개시한 자.

② 직전과세기간의 사업소득의 수입금액의 합계액이 4천800만 원에 미달하는 사업자

③ 다음 어느 하나에 해당되는 사업자로 간편장부대상자가 받는 원천징수 되는 당해 사업소득만 있는 사업자

　가. 독립된 자격으로 보험가입자의 모집 및 이에 부수되는 용

역을 제공하고 그 실적에 따라 모집수당 등을 받는 자

나. 방문판매 등에 관한 법률에 의하여 방문판매업자를 대신하여 방문판매업무를 수행하고 그 실적에 따라 판매수당 등을 받는 자. 이 경우에는 당해 사업소득의 원천징수의무자가 연말정산을 한 것에 한하여 적용한다.

2) 소득금액이 추계되는 자

소득세법 규정에 의하여 소득금액이 추계되는 자로서 단순경비율 적용대상자 이외의 자인 경우에는 다음에 해당하는 비용을 제외한 기타의 비용에 대하여 소득금액이 추계되는 경우에 한하여 증빙수취의무가 면제된다.

① 매입비용과 사업용 고정자산에 대한 임차료 등으로서 증빙서류에 의하여 지출하였거나 지출할 금액

② 종업원의 급여 및 퇴직급여로서 증빙서류에 의하여 지급하였거나 지급할 금액

3) 프리랜서의 경우

프리랜서의 경우를 들어보면 단순경비율 적용 대상자는 제외되고 기준경비율을 적용하는 경우에는 매입비용과 임차료 등을 제외하고 추계되는 부분에 한해서 증빙미수취가산세가 제외된다.

그 외 간편장부나 복식부기에 의하여 기장하는 경우는 대상에 해당된다고 하겠다.

현실적으로 프리랜서가 간편장부나 복식부기에 의하여 기장을 하

고 소득세를 신고하는 경우 법정증빙서류는 신용카드매출전표와 현금영수증 그리고 3만 원이하는 간이영수증 등이 되겠다.

07 영수증미수취명세서 미제출 가산세

　사업자가 영수증수취명세서를 과세표준 확정신고기간 내에 제출하지 아니하거나 제출한 영수증미수취명세서에 거래상대방의 상호, 성명, 사업자등록번호, 거래일 및 지급금액이 기재되어 있지 않거나 사실과 다른 경우에 적용되는 것으로 증빙불비 가산세의 적용이 배제되는 소규모사업자와 추계신고자는 제외된다.

　적용가산세는 미제출 또는 불분명한금액의 1%를 가산세로 한다.

08 | 무기장 가산세

사업자는 장부를 비치기장하고 비치 기장된 장부에 따라 소득금액을 계산해야 한다. 그러나 사업자가 장부를 비치기장하지 않거나 비치 기장한 장부에 의한 소득금액이 기장해야 할 금액에 미달한 때에는 무기장 가산세를 적용한다.

가산세는 무기장 또는 미달하게 기장된 소득금액에 대한 산출세액의 20%를 적용한다. 다만 무기장 가산세와 신고불성실 가산세가 동시에 해당될 때에는 그 중에 큰 금액을 기준으로 가산세를 적용한다.

$$산출세액 \times \frac{무기장,\ 미달하게\ 기장한\ 소득금액}{종합소득금액} \times \frac{20}{100}$$

다만, 예외적으로 소규모 사업자에게는 해당되지 않는다.

▶ 프리랜서의 경우

프리랜서의 경우를 예를 들어보면 신규사업자나 수입금액 4,800만 원에 미달하는 소규모사업자를 제외하고 간편장부의무자나 복식부기의무자인 경우 장부를 기장해야 되고 기장된 장부에 따라서 소득신고를 해야 된다. 그렇지 않으면 무기장 가산세가 추가된다.

09 | 사업용 계좌 미사용 가산세

복식부기의무자는 사업과 관련하여 재화 또는 용역을 공급받거나 공급하는 거래로서 다음 중 어느 하나에 해당하는 때에는 사업용 계좌를 사용해야 한다.

① 거래의 대금을 금융기관을 통하여 결제하거나 결제 받을 때

② 인건비 및 임차료를 지급하거나 지급받는 때

복식부기 의무자의 경우 복식부기의무자에 해당하는 과세기간의 개시일로부터 5개월 이내(사업개시와 동시에 복식부기 의무자에 해당할 경우 사업개시일의 다음과세기간 개시일로부터 5개월 이내)에 사업용 계좌를 개설하고 해당 사업자의 사업장관할세무서장에게 신고해야 한다.

사업용 계좌를 미개설하거나 미사용 시 가산세는 미사용 시는 사업용 계좌를 사용하지 아니한 금액의 0.2%를 가산세로 징수하고, 미개설의 경우는 다음 둘 중에 큰 금액으로 한다.

$$\text{해당과세기간의 수입금액} \times \frac{\text{미신고기간}}{365(\text{윤년 }366)} \times \frac{2}{1,000}$$

$$\text{사용대상 거래금액의 합계액} \times \frac{2}{1,000}$$

유형별 종합소득세 신고 실무

종합소득세 신고 월인 5월에 국세청은 종합소득세 신고대상자유형별로 안내서를 발송한다. 따라서 본장에서는 유형별 안내서 중에서 프리랜서소득자들이 주로 해당하는 유형에 대하여 분석하고 신고 방법에 대하여 알아보고자 한다.

전 장에서 프리랜서의 일반적인 신고를 종합하여 설명하였다면 본장에서는 보다 실무적인 사례위주로 설명하고자 한다. 아래 유형별 사례에서 이해하기 힘든 부분이나 어려운 부분들은 전장에 해당사항을 다시 보면서 참조하면 어렵지 않고 신고가 가능할 것으로 생각된다.

01 단일소득 – 단순경비율적용대상자

1. 요건

다른 소득 없이 프리랜서 활동으로 인한 사업소득만 있는 자로서 수입금액이 2010년을 기준으로 2천4백만 원 미만자이거나 2011년도 신규대상자로서 수입금액이 7,500만 원 미만에 해당하면 단순경비율적용대상자가 된다. 보통 국세청에서 오는 신고유형별 안내서에는 F~H유형에 해당한다.

2. 신고요령

1) 단순경비율에 의한 소득세 신고 요령

단일소득-단순경비율에 의한 추계신고자는 우편 안내된 신고서를 제출하면 된다. 다만, 기장 또는 기준경비율로 신고하는 경우 별도의 신고서를 제출해야 된다.

2010년 수입금액이 4천8백만 원 이상인 경우에는 무기장 가산세(산출세액의 20%)를 결정세액에 가산하여 신고해야 한다.

2) 계산 방법

수입금액 - 수입금액 × 단순경비율 = 소득금액

(소득금액 - 종합소득공제) × 세율 = 산출세액

산출세액 - 세액공제 + 가산세 - 기납부세액 = 자진납부세액

3) 계산사례

사례1

A씨는 2010년도 수입금액 21,000,000원이고 2011년도의 수입금액은 40,000,000원이다. 중간예납세액으로 250,000원을 납부, 원천징수세액으로 1,200,000원을 납부하였고, 장부를 기장하지 않아서 추계로 신고하려고 한다.

A씨의 종합소득납부세액은 얼마인가? 단, A씨는 부양가족이 없는 남성이고 국민연금납부액은 300,000원이라고 가정한다.(업종은 프로그래머이고 단순경비율은 64.1이라고 가정한다.)

해설

A씨의 경우 2010년도 수입금액이 2천4백만 원 미만으로 2011년도에 단순경비율대상자이다. 따라서 단순경비율로 추계소득금액을 계산하면

소득금액 = 40,000,000 - 40,000,000 × 64.1% = 14,360,000원

소득공제: 본인공제(1,500,000) + 표준공제(600,000) + 국민연금공제(300,000) = 2,400,000원

산출세액 = (14,360,000 - 2,400,000) × 세율 = 717,600원

자진납부세액 = 717,600 - 20,000(전자신고세액공제)

250,000(중간예납세액) - 1,200,000(원천징수세액)= -752,400원

A씨의 경우는 소득세 752,400원을 환급받게 되고 원천징수에 따른 지방소득세도 환급받게 된다. 단, 홈텍스를 통한 전자신고일 경우이다. 서면 신고할 경우 전자신고세액공제를 받을 수 없다.

(2012년 귀속) 종합소득세 · 지방소득세 과세표준확정신고 및 납부계산서
(단일소득-단순경비율적용대상자용)

관리번호	-	거주구분	거주자1 /비거주자 2
		내·외국인	내국인1 /외국인9
		거주지국	거주지국코드

❶ 기본 사항

①성 명	A씨	②주민등록번호	X X X X X X - X X X X X X X
③상 호		④사업자등록번호	X X X - X X - X X X X X
⑤주 소	서울시 성동구 성수동 XXX - X	⑥전자우편주소	
⑦주소지 전화번호	02-466-XXXX	⑧사업장 전화번호	⑨휴대전화번호

⑩신고유형	☒ 추계 – 단순율	⑪기장의무	2.간편장부대상자	⑫소득구분	③ 부동산임대업의 사업소득 ■ 부동산임대업외의 사업사업
⑬업종코드	940909	⑭단순경비율(%)	일반율 64% 자가율	⑮신고구분	10.정기신고, 20.수정신고, 40.기한후신고

❷ 환급금 계좌신고	⑯금융기관/체신관서명	XX은행	⑰계좌번호	XXX-XX-XXXXXX

❸ 종합소득세액의 계산

구 분	금 액
㉑총수입금액 : 매출액을 적습니다.	40,000,000
㉒단순경비율에 의한 필요경비 : ㉑총수입금액 ×⑭단순경비율(%)	25,640,000
㉓종합소득금액 : ㉑-㉒	14,360,000
㉔소득공제 : 소득공제명세(㉟~㊽)의 공제금액 합계를 적습니다.	2,400,000

	인적공제 대상자 명세				인적공제			
관계코드	성	명	내외국인코드	주 민 등 록 번 호	구 분		인원	금 액
					기본공제	㉟본 인	1	1,500,000
						㊱배 우 자		
						㊲부 양 가 족		
					추가공제	㊳70세 이상인 자		
						㊴장 애 인		
						㊵부 녀 자		
						㊶6세 이하인 자		
						㊷출 생 · 입 양 자		
						㊸다 자 녀 추 가 공 제		

㊹기부금공제 4쪽의 작성방법을 참고하여 기부금지출액 중 공제액을 적습니다	
㊺표준공제: 60만원	600,000
㊻개인연금저축공제: 「개인연금저축」 불입액에 40%를 곱한 금액과 72만원 중 적은 금액을 적습니다.	
㊼연금저축공제: 「연금저축」 불입금액과 300만원 중 적은 금액을 적습니다.	
㊽연금보험료공제: 국민연금보험료를 납부한 금액을 적습니다.	300,000
㊾과세표준 : ㉓-㉔ ("0" 보다 적은 경우에는 "0" 으로 합니다)	11,960,000
㊿세율: 4쪽의 작성방법을 참고하여 세율을 적습니다.	6%
(51)산출세액 : ㊾×㊿ - 누진공제액(4쪽 작성방법 참고)	717,600
(52)세액공제 : 세액공제명세(�53~57)의 합계금액을 적습니다.	20,000

세액공제명세	㊿납세조합공제: 납세조합영수증상의 (33)납세조합공제액을 적습니다.	
	�54전자신고세액공제: 납세자가 전자신고 방법에 의하여 직접 신고하는 경우 2만원을 공제합니다.	20,000
	�55정치자금기부금 세액공제: 「정치자금법」에 따라 정당(후원회 및 선거관리위원회 포함)에 기부한 기부금 중 10만원까지는 기부금액의 100/110을 세액공제합니다.	
	�56이월 세액공제(전년도에 공제받지 못한 전자신고세액공제 등을 말합니다)	
	�57	

�58중소기업에 대한 특별세액감면 금액을 적습니다.	
�59결정세액: ㊱-㉒-㊴("0" 보다 적은 경우에는 "0" 으로 합니다)	697,600

구 분					금 액
⑩가산세액: 가산세액명세(⑪~⑩)의 합계금액을 적습니다					

가산세액계산명세	구 분		계산기준	기준금액	가산세율	가산세액
	⑪무 신 고	부 당 무 신 고	미 달 세 액		40/100	
			수 입 금 액		14/10,000	
		일 반 무 신 고	미 달 세 액		20/100	
			수 입 금 액		7/10,000	
	⑫과 소 신 고	부 당 과 소 신 고	미 달 세 액		40/100	
			수 입 금 액		14/10,000	
		일 반 과 소 신 고	미 달 세 액		10/100	
	⑬초과환급신고	부 당 초 과 환 급	초 과 환 급 세 액		40/100	
		일 반 초 과 환 급	초 과 환 급 세 액		10/100	
	⑭납부(환급)불성실	미 납 일 수	( )		3/10,000	
		미 납 부 (환 급) 세 액				
	⑮보 고 불 성 실	지급명세서	미제출(불명)	지급(불명)금액	2/100	
			지 연 제 출	지연제출금액	1/100	
	⑯공 동 사 업 장 등 록 불 성 실	미 등 록 · 허 위 등 록	총 수 입 금 액		0.5/100	
		손익분배비율 허위신고 등	총 수 입 금 액		0.1/100	
	⑰무 기 장	산 출 세 액		20/100		
	⑱신 용 카 드 거 부	거 래 거 부 · 불 성 실 금 액		5/100		
		거 래 거 부 · 불 성 실 건 수		5,000원		
	⑲현 금 영 수 증 미 발 급	미 가 맹	총 수 입 금 액		0.5/100	
		미 발 급 · 불 성 실 금 액		5/100		
		미 발 급 · 불 성 실 건 수		5,000원		

구 분		금 액
⑳총결정세액: ⑲+⑩		697,600
기납부세액	㉑중간예납세액	250,000
	㉒원천징수세액 및 지급처사업자등록번호 (사업자등록번호 XXX-XX-XXXXX)	1,200,000
㉓납부할 세액 또는 환급받을 세액: ⑳-㉑-㉒		△752,400

❹ 지방소득세액의 계산

구 분	금 액
㉔과세표준 : 종합소득세의 ⑳총결정세액을 옮겨 적습니다.	697,600
㉕세율	10%
㉖산출세액: ㉔(=⑳)×10%	69,760
㉗원천납부한 세액: ㉒×10%	120,000
㉘납부할 세액 또는 환급받을 세액: ㉖ - ㉗	△50,240

신고인은 「소득세법」 제70조 및 「지방세법」 제177조의4와 「국세기본법」 제45조의3에 따라 위의 내용을 신고하며, **위 내용을 충분히 검토하였고 신고인이 알고 있는 사실 그대로를 정확하게 적었음을 확인합니다.**

2012년　05월　31일

신고인

A (서명 또는 인)

세 무 서 장　귀하

※ 첨부서류
1. 장애인증명서 1부(해당자에 한정하며, 종전에 제출한 경우에는 제외합니다)
2. 기부금명세서(별지 제45호서식) 및 기부금납입영수증 각 1부(기부금공제가 있는 경우에 한정합니다)
3. 가족관계등록부 1부(주민등록표등본에 의하여 공제대상 배우자, 부양가족의 가족관계가 확인되지 않는 경우에만 제출하며, 종전에 제출한 후 변동이 없는 경우에는 제출하지 않습니다.)

※ 이 신고서는 5월 31일까지 세무서로 우송하여야 합니다.

초과율적용

초과율이란 단순경비적용대상자 중에서 경비율코드 94로 시작하는 인적용역제공사업자인 프리랜서는 수입금액이 4천만 원까지는 기본율을 적용하고 4천만 원 초과분부터는 초과율을 적용한다. 사례를 통해서 살펴보면,

A씨는 2010년도 수입금액 21,000,000원이고 2011년도의 수입금액은 55,000,000원이다. 중간예납세액으로 250,000원을 납부, 원천징수세액으로 1,650,000원을 납부하였고, 장부를 기장하지 않아서 추계로 신고하려고 한다.

A씨의 종합소득납부세액은 얼마인가? 단, A씨는 부양가족이 없는 남성이고 국민연금납부액은 300,000원이라고 가정한다.(업종은 프로그래머이고 단순경비율은 64.1, 초과율은 49.7 이라고 가정한다.)

A씨의 경우 2010년도 수입금액이 2천4백만 원 미만으로 2011년도에 단순경비율대상자이다. 따라서 단순경비율로 추계소득금액을 계산하면

소득금액 = 40,000,000 - 40,000,000 × 64.1% + (55,000,000 - 40,000,000) - (55,000,000 - 40,000,000) × 49.7% = 21,905,000원

소득공제: 본인공제(1,500,000) + 표준공제(600,000) + 국민연금공제(300,000) = 2,400,000원

산출세액 = (21,905,000 - 2,400,000) × 세율 = 1,845,750원

자진납부세액 = 1,845,750 - 20,000(전자신고세액공제)

250,000(중간예납세액) - 1,650,000(원천징수세액)= -74,250원

A씨의 경우는 소득세 74,250원을 환급받게 되고 원천징수에 따른 지방소득세도 환급 또는 납부하게 된다. 단, 홈텍스를 통한 전자신고일 경우이다. 서면 신고할 경우 전자신고세액공제를 받을 수 없다.

(2012년 귀속) 종합소득세 · 지방소득세 과세표준확정신고 및 납부계산서
(단일소득-단순경비율적용대상자용)

관리번호	-		거주구분	거주자1 /비거주자 2
			내·외국인	내국인1 /외국인9
			거주지국	거주지국코드

❶ 기본 사항

①성 명	A씨	②주민등록번호	X X X X X X - X X X X X X X
③상 호		④사업자등록번호	X X X - X X - X X X X X
⑤주 소	서울시 성동구 성수동 XXX - X	⑥전자우편주소	
⑦주소지 전화번호	02-466-XXXX	⑧사업장 전화번호	⑨휴대전화번호

⑩신고유형	㉜ 추계-단순율	⑪기장의무	2.간편장부대상자	⑫소득구분	㉚ 부동산임대업의 사업소득 ■ 부동산임대업외의 사업사업
⑬업종코드	940909	⑭단순경비율(%)	일반율 64% 자가율	⑮신고구분	10.정기신고, 20.수정신고, 40.기한후신고

❷ 환급금 계좌신고

⑯금융기관/체신관서명	XX은행	⑰계좌번호	XXX-XX-XXXXXX

❸ 종합소득세액의 계산

구 분	금 액
㉛총수입금액 : 매출액을 적습니다.	55,000,000
㉜단순경비율에 의한 필요경비 : ㉛총수입금액 ×⑭단순경비율(%)	33,095,000
㉝종합소득금액 : ㉛-㉜	21,905,000
㉞소득공제 : 소득공제명세(㉟~㊽)의 공제금액 합계를 적습니다.	2,400,000

소득공제명세	인적공제 대상자 명세					인적공제		
	관계 코드	성 명	내외국인 코드	주민등록번호	구 분		인원	금 액
	0	A씨	1	XXXXXX-XXXXXXX	기본 공제	㉟본 인	1	1,500,000
						㊱배 우 자		
						㊲부 양 가 족		
					추가 공제	㊳70세 이상인 자		
						㊴장 애 인		
						㊵부 녀 자		
						㊶6세 이하인 자		
						㊷출 생 · 입 양 자		
						㊸다 자 녀 추 가 공 제		

구 분	금 액
㊹기부금공제 4쪽의 작성방법을 참고하여 기부금지출액 중 공제액을 적습니다	
㊺표준공제: 60만원	600,000
㊻개인연금저축공제: 「개인연금저축」 불입액에 40%를 곱한 금액과 72만원 중 적은 금액을 적습니다.	
㊼연금저축공제: 「연금저축」 불입금액과 300만원 중 적은 금액을 적습니다.	
㊽연금보험료공제: 국민연금보험료를 납부한 금액을 적습니다.	300,000
㊾과세표준 : ㉝-㉞ ("0" 보다 적은 경우에는 "0" 으로 합니다)	19,505,000
㊿세율: 4쪽의 작성방법을 참고하여 세율을 적습니다.	15%
(51)산출세액 : ㊾×㊿-누진공제액(4쪽 작성방법 참고)	1,845,750
㊷세액공제 : 세액공제명세(㊽~㊽)의 합계금액을 적습니다.	20,000

세액공제명세	구 분	금 액
	㊸납세조합공제: 납세조합영수증상의 (33)납세조합공제액을 적습니다.	
	㊹전자신고세액공제: 납세자가 전자신고 방법에 의하여 직접 신고하는 경우 2만원을 공제합니다.	20,000
	㊺정치자금기부금 세액공제: 「정치자금법」에 따라 정당(후원회 및 선거관리위원회 포함)에 기부한 기부금 중 10만원까지는 기부금액의 100/110을 세액공제합니다.	
	㊻이월 세액공제(전년도에 공제받지 못한 전자신고세액공제 등을 말합니다)	
	㊼	

구 분	금 액
㊽종소기업에 대한 특별세액감면 금액을 적습니다.	
㊾결정세액: ㊶-㊷-㊽("0" 보다 적은 경우에는 "0" 으로 합니다)	1,825,750

구 분				금 액

㉚가산세액: 가산세액명세(㉛~㊴)의 합계금액을 적습니다

<table>
<tr><td rowspan="2">가 산 세 액 계 산 명 세</td><td colspan="3">구　　　　　분</td><td>계산기준</td><td>기준금액</td><td>가산세율</td><td>가산세액</td></tr>
<tr><td colspan="3"></td><td></td><td></td><td></td><td></td></tr>
<tr><td rowspan="4">㉛무　신　고</td><td colspan="2" rowspan="2">부　당　무　신　고</td><td>미　달　세　액</td><td></td><td>40/100</td><td></td></tr>
<tr><td>수　입　금　액</td><td></td><td>14/10,000</td><td></td></tr>
<tr><td colspan="2" rowspan="2">일　반　무　신　고</td><td>미　달　세　액</td><td></td><td>20/100</td><td></td></tr>
<tr><td>수　입　금　액</td><td></td><td>7/10,000</td><td></td></tr>
<tr><td rowspan="3">㉜과 소 신 고</td><td colspan="2" rowspan="2">부　당　과　소　신　고</td><td>미　달　세　액</td><td></td><td>40/100</td><td></td></tr>
<tr><td>수　입　금　액</td><td></td><td>14/10,000</td><td></td></tr>
<tr><td colspan="2">일　반　과　소　신　고</td><td>미　달　세　액</td><td></td><td>10/100</td><td></td></tr>
<tr><td rowspan="2">㉝초과환급신고</td><td colspan="2">부　당　초　과　환　급</td><td>초　과　환　급　세　액</td><td></td><td>40/100</td><td></td></tr>
<tr><td colspan="2">일　반　초　과　환　급</td><td>초　과　환　급　세　액</td><td></td><td>10/100</td><td></td></tr>
<tr><td rowspan="2">㉞납부(환급)불성실</td><td colspan="3">미　　납　　일　　수</td><td>(　　　　)</td><td rowspan="2">3/10,000</td><td></td></tr>
<tr><td colspan="3">미 납 부 (환 급) 세 액</td><td></td><td></td></tr>
<tr><td rowspan="2">㉟보　고 불　성　실</td><td rowspan="2">지급명세서</td><td>미제출(불명)</td><td>지급(불명)금액</td><td></td><td>2/100</td><td></td></tr>
<tr><td>지　연　제　출</td><td>지연제출금액</td><td></td><td>1/100</td><td></td></tr>
<tr><td rowspan="2">㊱공 동 사 업 장 등 록 불 성 실</td><td colspan="2">미등록·허위등록</td><td>총　수　입　금　액</td><td></td><td>0.5/100</td><td></td></tr>
<tr><td colspan="2">손익분배비율 허위신고 등</td><td>총　수　입　금　액</td><td></td><td>0.1/100</td><td></td></tr>
<tr><td>㊲무</td><td colspan="3">기　　　　장</td><td>산　출　세　액</td><td></td><td>20/100</td><td></td></tr>
<tr><td rowspan="2">㊳신 용 카 드 거 부</td><td colspan="2">거 래 거 부 ·</td><td>불 성 실 금 액</td><td></td><td>5/100</td><td></td></tr>
<tr><td colspan="2">거 래 거 부 ·</td><td>불 성 실 건 수</td><td></td><td>5,000원</td><td></td></tr>
<tr><td rowspan="3">㊴현 금 영 수 증 미　발　급</td><td colspan="2">미　가　맹</td><td>총　수　입　금　액</td><td></td><td>0.5/100</td><td></td></tr>
<tr><td colspan="2">미 발 급 · 불 성 실 금 액</td><td></td><td></td><td>5/100</td><td></td></tr>
<tr><td colspan="2">미 발 급 · 불 성 실 건 수</td><td></td><td></td><td>5,000원</td><td></td></tr>
</table>

구　분		금 액
㊵총결정세액: ㉙+㉚		1,825,750
기납부 세 액	㊶중간예납세액	250,000
	㊷원천징수세액 및 지급처사업자등록번호 (사업자등록번호　XXX-XX-XXXXX)	1,650,000
㊸납부할 세액 또는 환급받을 세액: ㊵-㊶-㊷		△74,250

❷ 지방소득세액의 계산

구　분	금 액
㊹과세표준 : 종합소득세의 ㊵총결정세액을 옮겨 적습니다.	1,825,750
㊺세율	10%
㊻산출세액: ㊹(=㊵)×10%	182,570
㊼원천납부한 세액: ㊷×10%	165,000
㊽납부할 세액 또는 환급받을 세액: ㊻ - ㊼	17,750

신고인은 「소득세법」 제70조 및 「지방세법」 제177조의4와 「국세기본법」 제45조의3에 따라 위의 내용을 신고하며, **위 내용을 충분히 검토하였고 신고인이 알고 있는 사실 그대로를 정확하게 적었음을 확인합니다.**

2012년　　05월　　31일

신고인

A (서명 또는 인)

세 무 서 장 귀하

※ 첨부서류
1. 장애인증명서 1부(해당자에 한정하며, 종전에 제출한 경우에는 제외합니다)
2. 기부금명세서(별지 제45호서식) 및 기부금납입영수증 각 1부(기부금공제가 있는 경우에 한정합니다)
3. 가족관계등록부 1부(주민등록표등본에 의하여 공제대상 배우자, 부양가족의 가족관계가 확인되지 않는 경우에만 제출하며, 종전에 제출한 후 변동이 없는 경우에는 제출하지 않습니다.)

※ 이 신고서는 5월 31일까지 세무서로 우송하여야 합니다.

02 | 복수소득 - 단순경비율적용대상자

1. 요건

프리랜서로 인한 사업소득 이외에 근로소득, 기타소득 등 다른 소득이 같이 있는 유형이다. 프리랜서로 인한 사업소득 수입금액이 2010년을 기준으로 2천4백만 원 미만자이거나 2011년도 신규대상자로서 수입금액이 7,500만 원 미만에 해당하면 단순경비율적용대상자가 된다. 보통 국세청에서 오는 신고유형별 안내서에는 E 유형에 해당한다.

2. 신고요령

사업소득 이외에 기타소득이나 근로소득 등 다른 소득이 있는 경우에는 사업소득금액과 다른 소득금액을 합산하여 신고해야 한다. 특히, 근로소득이 있는 경우에는 일반적인 사업소득에서 공제되는 금액 이외에 근로소득에서만 공제되는 금액들이 있다. 보통 연말정산 이후에 종합소득세를 신고하기 때문에 5월 국세청 홈텍스에 들어가면 근로소득원천징수영수증을 볼 수 있다. 따라서 연말정산 시 빠진 소득공제를 추가적으로 공제할 수 있다.

1) 계산방법

수입금액 - 수입금액 × 단순경비율 = 사업소득 소득금액

종합소득금액 = 사업소득 소득금액 + 근로, 기타, 금융소득 등 소득금액

(소득금액 - 종합소득공제) × 세율 = 산출세액

산출세액 - 세액공제 + 가산세 - 기납부세액 = 자진납부세액

> **TIP** 근로소득이나 기타소득 및 다른 소득금액은 국세청 홈텍스에서 조회가 가능하다.

2) 계산사례

(1) 사업소득과 기타소득이 있는 경우

기타소득은 필요경비가 0%인 기타소득 중 승마투표권, 경륜 환급금, 각종 복권, 복표의 당첨소득은 분리 과세되어서 종합소득 신고 시 합산되지 않고 뇌물, 알선수재 및 배임수재로 받은 금품 또는 계약의 위약 또는 해약으로 받는 위약금과 배상금(계약금이 위약금, 배상금으로 대체되는 경우만 해당)은 무조건 종합소득세 신고 시 합산해야 된다. 그 이외에는 연간 300만 원 이하는 종합소득합산이 선택사항이다. 따라서 합산해서 종합소득을 할 수도 있고 기타소득을 합산하지 않고 종합소득신고를 할 수도 있다. 다만 300만 원을 초과하면 무조건 종합소득신고 시 합산 신고해야 한다. 그리고 보통 기타소득은 몇 몇 경우를 제외하고 80% 필요경비를 적용받으므로 기타소득금액이 300만 원 이하인 경우에는 4인 가족의 경우 과세표준금액이 약 5천만 원 이하인 경우에는 종합과세가 유리하다.

A씨는 2010년도 수입금액 21,000,000원이고 2011년도의 수입금액은 48,000,000원이다. 중간예납세액으로 250,000원을 납부, 원천징수세액으로 1,584,000원을 납부하였고, 장부를 기장하지 않아서 추계로 신고하려고 한다.

또한 A씨는 연중에 1,000만 원 이벤트에 당첨되어 40만 원을 원천 징수당했다.

A씨의 종합소득납부세액은 얼마인가? 단, A씨는 부양가족이 없는 남성이고 국민연금납부액은 300,000원이라고 가정한다.(업종은 프로그래머이고 단순경비율은 64.1, 초과율은 49.7 이라고 가정한다.)

사업소득금액: 40,000,000 - 40,000,000 × 64.1% + (48,000,000 -40,000,000) - (48,000,000 - 40,000,000) × 49.7% = 18,384,000

기타소득금액: 10,000,000-10,000,000 × 0.8 = 2,000,000

> **TIP** 기타소득금액은 종합소득세 신고기간 중에 홈텍스에서 확인이 가능하다.

위 사례의 경우 기타소득금액이 3백만 원 이하여서 종합합산하거나 별도로 분리과세가 가능하다. 따라서 종합합산과 별도 분리과세의 경우를 비교해서 풀이하고자 한다.

① 종합합산의 경우

종합소득금액: 18,384,000 + 2,000,000 = 20,384,000

소득공제: 본인공제(1,500,000) + 표준공제(600,000) + 국민연금공제
(300,000) = 2,400,000원

산출세액 = (20,384,000 - 2,400,000) × 세율 = 1,617,600원

자진납부세액 = 1,617,600 - 20,000(전자신고세액공제) - 250,000(중간예
납세액) - 1,584,000(사업소득 원천징수세액) - 400,000(기타소득 원천징
수세액) = -636,400

A씨의 경우 종합소득세 산출세액은 1,617,600원이고 자진납부세
액은 -636,400원으로 환급을 받게 된다.

단, 전자신고세액공제 20,000원은 홈텍스를 통해서 전자신고를
할 경우 공제받을 수 있다.

| 관리번호 | - |

거주구분	거주자1 /비거주자2
내·외국인	내국인1 /외국인9
외국인단일세율적용	여 1 / 부 2
거주지국		거주지국코드	

(2011년귀속)종합소득세·농어촌특별세·지방소득세 과세표준확정신고 및 납부계산서

❶기본사항

| ①성 명 | A씨 | ②주민등록번호 | - |

| ③주 소 | 도·시 | 구·군 | 동·읍·면 | 가·리 | 번지 | 호 | 아파트 등 | 동 | 호 |
| | 서울 | 성동 | 성수 | | XX | X | | | |

| ④주소지 전화번호 | XXX-XXXX | ⑤사업장 전화번호 | |
| ⑥휴 대 전 화 | | ⑦전자우편주소 | |

⑧신 고 유 형	⑪자기조정 ⑫외부조정 ⑬성실납세 ⑳간편장부 ㉛추계-기준율 ■추계-단순율 ㊵비사업자
⑨기 장 의 무	①복식부기의무자 ■간편장부대상자 ③비사업자
⑩신 고 구 분	■정기신고 ⑳수정신고 ㉚경정청구 ㊵기한후신고 ㊿추가신고(인정상여)

❷환급금 계좌신고

| ⑪금융기관/체신관서명 | XX은행 | ⑫계좌번호 | XXX-XX-XXXXXX |

❸세무대리인

| ⑬성 명 | | ⑭사업자등록번호 | - | - | | ⑮전화번호 | |
| ⑯대리구분 | ①기장 ②조정 ③신고 | ⑰관리번호 | - | | ⑱조정반번호 | - |

❹세액의 계산

구 분		종합소득세		지방소득세		농어촌특별세
종 합 소 득 금 액	㉑	20,384,000				
소 득 공 제	㉒	2,400,000				
과 세 표 준(㉑-㉒)	㉓	17,984,000	㊶	1,597,600	㊿	
세 율	㉔	15%	㊷	10%	㊱	
산 출 세 액	㉕	1,617,600	㊸	159,760	㊲	
세 액 감 면	㉖					
세 액 공 제	㉗	20,000				
결 정 세 액(㉕-㉖-㉗)	㉘	1,597,600			㊼	
가 산 세	㉙				㊽	
추 가 납 부 세 액 (농어촌특별세의 경우에는 환급세액)	㉚				㊾	
합 계(㉘+㉙+㉚)	㉛	1,597,600			㊿	
기 납 부 세 액	㉜	2,234,000	㊹	198,400	㊱	
차감 납부(환급)할 총세액(㉛-㉜)	㉝	△636,400	㊺	△36,640	㊲	
차감 분 납 할 세 액(2개월 내)	㉞				㊳	
차감 신고기한 이내 납부할 세액(㉝-㉞)	㉟	△636,400	㊻	△36,640	㊴	

　신고인은 「소득세법」 제70조, 「농어촌특별세법」 제7조, 「지방세법」 제177조의4 및 「국세기본법」 제45조의3에 따라 위의 내용을 신고하며, **위 내용을 충분히 검토하였고 신고인이 알고 있는 사실 그대로를 정확하게 적었음을 확인합니다.**

2012년 　5월 　31일

신고인

A (서명 또는 인)

세무대리인은 조세전문자격자로서 위 신고서를 성실하고 공정하게 작성하였음을 확인합니다.

접수(영수)일자

세무대리인 　　(서명 또는 인)

세 무 서 장 귀하

※ 첨부서류(각 1부): 　　　　전산입력필 　　　　(인)

❼사업소득명세서

①소　득　구　분　코　드		40			
②일　　련　　번　　호		1			
③사업장	소재지	서울 성동 성수 XXX-XX번지			
	국내1/국외9　소재지국코드	1　　KOR			
④상　　　　　　　　호					
⑤사　업　자　등　록　번　호					
⑥신　고　유　형　코　드		32			
⑦주　　업　　종　　코　　드		940909			
⑧총　　수　　입　　금　　액		48,000,000			
⑨필　　요　　경　　비		18,384,000			
⑩소　득　금　액(⑧-⑨)		32,977,000			
⑪과　세　기　간　개　시　일		2011.01.01			
⑫과　세　기　간　종　료　일		2011.12.31			
⑬ 대　표 공동사업자	성　　　명				
	주민등록번호				
⑭ 특수관계자	성　　　명				
	주민등록번호				
	성　　　명				
	주민등록번호				
	성　　　명				
	주민등록번호				

사업소득에 대한 원천징수 및 납세조합징수 세액

⑮ 일련 번호	원천징수의무자 또는 납세조합		원천징수 또는 납세조합징수 세액	
	⑯상호(성명)	⑰사업자등록번호 (주민등록번호)	⑱소득세	⑲농어촌특별세
1	(주)XXX	000-00-00000	1,584,000	

❽근로소득 · 연금소득 · 기타소득명세서

① 소득구분코드	② 일련번호	소득의 지급자 (부여자의 국내사업장) ③상 호(성명) ④사업자등록번호 (주민등록번호)	⑤총수입금액 (총급여액 · 총연금액)	⑥필요경비 (근로소득공제 · 연금소득공제)	⑦소득금액 (⑤ - ⑥)	원천징수 또는 납세조합징수세액 ⑧ 소득세	⑨ 농어촌 특별세
60	1	(주)XXX 000-00-00000	10,000,000	8,000,000	2,000,000	400,000	

❺종합소득금액 및 결손금·이월결손금공제명세서

구 분	① 소득별 소득금액	② 부동산임대업 외의 사업소득 결손금 공제금액	이월결손금 공제 금액		⑤ 결손금·이월 결손금공제 후 소득금액
			③부동산임대업 외의 사업소득 이월결손금 공제 금액	④ 부동산임대업의 사업소득 이월결손금 공제금액	
이자소득금액					
배당소득금액					
출자공동사업자의 배당소득금액					
부동산임대업의 사업소득금액					
부동산임대업 외의 사업소득금액	18,384,000				18,384,000
근로소득금액					
연금소득금액					
기타소득금액	2,000,000				2,000,000
합 계 (종합소득금액)	20,384,000				20,384,000

●이월결손금명세서

구 분	이월결손금 발생 명세		③ 전기까지 공제액	당기 공제액			⑦ 잔 액
	① 발생 과세기간	② 발생금액		④ 당기 공제액	⑤ 소급공제액	⑥ 그밖의 공제액	
부동산 임대업의 사업소득							
부동산 임대업 외의 사업소득							

● 소득공제명세서

<table>
<tr><td colspan="8" align="center">「소득세법」상 소득공제</td></tr>
<tr><td colspan="3" align="center">구　분</td><td align="center">금　액</td><td colspan="3" align="center">구　분</td><td align="center">금　액</td></tr>
<tr><td rowspan="10">인
적
공
제</td><td rowspan="2">기
본
공
제</td><td>① 본　　　　　인</td><td>1,500,000</td><td colspan="3">⑭주택담보노후연금이자비용공제</td><td></td></tr>
<tr><td>② 배　　우　　자</td><td></td><td rowspan="7">특

별

공

제</td><td colspan="2">⑮보　험　료　공　제</td><td></td></tr>
<tr><td rowspan="5">추
가
공
제</td><td>③ 부 양 가 족(　명)</td><td></td><td colspan="2">⑯의　료　비　공　제</td><td></td></tr>
<tr><td>④70세 이상인 자(　명)</td><td></td><td colspan="2">⑰교　육　비　공　제</td><td></td></tr>
<tr><td>⑤장　애　인(　명)</td><td></td><td colspan="2">⑱주　택　자　금　공　제</td><td></td></tr>
<tr><td>⑥부　　녀　　자</td><td></td><td colspan="2">⑲기　부　금　공　제</td><td></td></tr>
<tr><td>⑦6세 이하인 자(　명)</td><td></td><td></td><td></td></tr>
<tr><td>⑧출 생·입 양 자(　명)</td><td></td><td></td><td></td></tr>
<tr><td colspan="2">⑨다 자 녀 추 가 공 제</td><td></td><td></td><td></td></tr>
<tr><td colspan="2">⑩인적공제계(①~⑨의 합계)</td><td></td><td colspan="2">⑳표　준　공　제</td><td>600,000</td></tr>
<tr><td rowspan="3">연금
보험료
공제</td><td colspan="2">⑪국 민 연 금 보 험 료 공 제</td><td>300,000</td><td rowspan="3">특별
공제
합계</td><td>㉑ 근로소득이 있는 자
(⑮~⑲ 또는 ⑳)</td><td></td></tr>
<tr><td colspan="2">⑫기 타 연 금 보 험 료 공 제</td><td></td><td rowspan="2">근로소득이 없는 자
(⑲+⑳)</td><td rowspan="2">2,400,000</td></tr>
<tr><td colspan="2">⑬퇴 직 연 금 소 득 공 제</td><td></td></tr>
</table>

㉒인 적 공 제 대 상 자 명 세

<table>
<tr><td>관계</td><td>성　명</td><td>내외
국인</td><td>주민등록번호(외국인등록번호 등)</td><td>관계</td><td>성　명</td><td>내외
국인</td><td>주민등록번호(외국인등록번호
등)</td></tr>
<tr><td>0</td><td>A</td><td>1</td><td>X X X X X X - X X X X X X X</td><td></td><td></td><td></td><td></td></tr>
<tr><td></td><td></td><td></td><td></td><td></td><td></td><td></td><td></td></tr>
<tr><td></td><td></td><td></td><td></td><td></td><td></td><td></td><td></td></tr>
<tr><td></td><td></td><td></td><td></td><td></td><td></td><td></td><td></td></tr>
</table>

※ 관계코드: 소득자 본인=0, 소득자의 직계존속=1, 배우자의 직계존속=2, 배우자=3, 직계비속 중 자녀·입양자=4, 직계비속 중
　　자녀·입양자 외(직계비속과 그 배우자가 모두 장애인인 경우 그 배우자 포함)=5, 형제자매=6, 수급자=7 위탁아동
　　=8(관계코드 4~6은 소득자와 배우자의 각각의 관계를 포함합니다.)

<table>
<tr><td colspan="4" align="center">「조세특례제한법」상 소득공제</td></tr>
<tr><td align="center">㉓「조세특례제한법」조문(제목)</td><td>㉔코드</td><td>㉕금　액</td><td>㉖사업자등록번호</td></tr>
<tr><td></td><td></td><td></td><td></td></tr>
<tr><td></td><td></td><td></td><td></td></tr>
<tr><td></td><td></td><td></td><td></td></tr>
<tr><td>㉗「조세특례제한법」상 소득공제 합계</td><td></td><td></td><td></td></tr>
</table>

<table>
<tr><td align="center">소득공제 합계
㉘(⑩~⑭+㉑+㉗)</td><td>2,400,000</td></tr>
</table>

● 세액감면명세서

①해 당 법 조문(제목)	②코드	③세액감면	④사업자등록번호
⑤세액감면 합계			

● 세액공제명세서

①해 당 법 조문(제목)	②코드	③세액공제	④사업자등록번호
조특법104조의8(전자신고세액공제)		20,000	
⑤세액공제 합계		20,000	

● 준비금명세서

① 「조세특례제한법」 조문(제목)	② 코드	준비금 손금산입액		준비금 환입액		⑦ 사 업 자 등록번호
		③연도	④금액	⑤당기 환입액	⑥환입액 누 계	

● 가산세명세서

구			분	계 산 기 준	기 준 금 액	가산세율	가산세액
①무 신 고	부 당 무 신 고			미 달 세 액		40/100	
				수 입 금 액		14/10,000	
	일 반 무 신 고			미 달 세 액		20/100	
				수 입 금 액		7/10,000	
②과 소 신 고	부 당 과 소 신 고			미 달 세 액		40/100	
				수 입 금 액		14/10,000	
	일 반 과 소 신 고			미 달 세 액		10/100	
③초 과 환 급 신 고	부 당 초 과 환 급			초과 환급세액		40/100	
	일 반 초 과 환 급			초과 환급세액		10/100	
④납 부(환 급) 불 성 실	미 납 일 수			( )		3/10,000	
	미 납 부(환 급) 세 액						
⑤보고불성실	지 급 명 세 서		미제출(불명)	지급(불명)금액		2/100	
			지 연 제 출	지연제출금액		1/100	
	계 산 서		미 교 부	공 급 가 액		1/100	
			불 명	불 명 금 액		1/100	
	계 산 서 합 계 표		미제출(불명)	공급(불명)가액		1/100	
			지 연 제 출	지연제출금액		0.5/100	
	매입처별 세금계산 서 합 계 표		미제출(불명)	공급(불명)가액		1/100	
			지 연 제 출	지연제출금액		0.5/100	
	소			계			
⑥증 빙 불 비	미 수 취			미 수 취 금 액		2/100	
	허 위 수 취			허 위 수 취 금 액		2/100	
⑦영 수 증 수 취 명 세 서 미 제 출	미 제 출			미 제 출 금 액		1/100	
	불 명			불 명 금 액		1/100	
⑧사업장 현 황 신 고 불 성 실	무 신 고			수 입 금 액		0.5/100	
	과 소 신 고			수 입 금 액		0.5/100	
⑨공동사 업 장 등 록 불 성 실	미 등 록 · 허 위 등 록			총 수 입 금 액		0.5/100	
	손익분배비율허위신고 등			총 수 입 금 액		0.1/100	
⑩무 기 장				산 출 세 액		20/100	
⑪사 업 용 계 좌 미 신 고 등	미 개 설 · 미 신 고			수 입 금 액 등		0.2/100	
	미 사 용			미 사 용 금 액		0.2/100	
⑫신 용 카 드 거 부	거 래 거 부 · 불 성 실 금 액					5/100	
	거 래 거 부 · 불 성 실 건 수					5,000원	
⑬현금영수증 미 발 급	미 가 맹			수 입 금 액		0.5/100	
	미 발 급 · 불 성 실 금 액					5/100	
	미 발 급 · 불 성 실 건 수					5,000원	
⑭기부금영수증불성실	영 수 증 불 성 실 발 급			불성실기재금액		2/100	
	발급명세서 미작성 · 미보관			미작성 등 금액		0.2/100	
⑮ 동 업 기 업 배 분 가 산 세							
⑯합 계							

● 기납부세액명세서

구 분		소 득 세	농 어 촌 특 별 세	
중 간 예 납 세 액	①	250,000		
토 지 등 매 매 차 익 예 정 신 고 납 부 세 액	②			
토 지 등 매 매 차 익 예 정 고 지 세 액	③			
수 시 부 과 세 액	④		㉑	
원천징수세액 및 납세조합징수세액	이 자 소 득 ⑤		㉒	
	배 당 소 득 ⑥		㉓	
	사 업 소 득 ⑦	1,584,000	㉔	
	근 로 소 득 ⑧		㉕	
	연 금 소 득 ⑨			
	기 타 소 득 ⑩			
기 납 부 세 액 합 계	⑪	2,234,000	㉖	

② 기타소득을 분리 과세하는 경우

소득금액 = 40,000,000 - 40,000,000 × 64.1% + (48,000,000 - 40,000,000) - (48,000,000 - 40,000,000) × 49.7% = 18,384,000

소득공제: 본인공제(1,500,000) + 표준공제(600,000) + 국민연금공제(300,000) = 2,400,000원

산출세액 = (18,384,000 - 2,400,000) × 세율 = 1,317,600원

자진납부세액 = 1,317,600 - 20,000(전자신고세액공제) - 250,000(중간예납세액) - 1,584,000(원천징수세액)= -536,400원

A씨의 경우는 소득세 536,400원을 환급받게 되고 원천징수에 따른 지방소득세도 환급받게 된다.

단, 전자신고세액공제 20,000원은 홈텍스를 통해서 전자신고를 할 경우 공제받을 수 있다.

결과적으로 A씨의 자진납부세액은 분리과세의 경우 536,400원을 환급받게 되고 종합합산과세의 경우 636,400원을 환급받게 된다. 또한 총부담세액을 비교해 보게 되면 종합과세의 경우 1,617,600원이고 분리과세의 경우 1,317,600원에 기타소득에 대한 세금 400,000원을 합한 1717,600원이 된다.

(2) 사업소득과 근로소득이 있는 경우

근로소득의 경우 연말정산을 하게 된다. 따라서 근로소득과 사업소득이 있는 경우 5월 31일까지 근로소득과 사업소득을 합산하여 신고해야 한다. 또한 근로소득에서 소득공제를 못한 경우 바로 잡을 수 있는 기회가 된다. 원칙적으로 사업소득과 근로소득

이 있고 사업소득이 단순경비율에 해당하는 경우에는 근로소득
은 원천징수 영수증을 보고 계산하면 되므로 그리 큰 어려움은
없을 것으로 예상된다.

A씨는 2010년도 수입금액 21,000,000원이고 2011년도의 수입금
액은 48,000,000원이다. 중간예납세액으로 250,000원을 납부,
원천징수세액으로 1,584,000원을 납부하였고, 장부를 기장하지
않아서 추계로 신고하려고 한다.

또한 A씨는 연중에 회사에 소속되어 근로를 제공하고 1,000만
원의 근로소득금액이 있다. 연말정산 후 결정세액은 600,000원
이다. 근로소득공제는 신용카드소득공제가 100,000원 있다고
가정하자.

A씨의 종합소득납부세액은 얼마인가? 단, A씨는 부양가족이 없
는 남성이고 국민연금납부액은 300,000원이라고 가정한다.(업종
은 프로그래머이고 단순경비율은 64.1, 초과율은 49.7 이라고
가정한다.)

사업소득금액: 40,000,000 - 40,000,000 × 64.1% + (48,000,000 -
40,000,000) - (48,000,000 - 40,000,000) × 49.7% = 18,384,000

근로소득금액: 10,000,000

종합소득금액: 18,384,000 + 10,000,000 = 28,384,000원

소득공제: 본인공제(1,500,000) + 신용카드소득공제(100,000) + 표준공

제(1,000,000) + 국민연금공제(300,000) = 2,900,000원

산출세액: (28,384,000 - 2,900,000) × 세율 = 2,742,600원

근로소득 세액공제: $(2,742,600 \times \dfrac{10,000,000}{28,384,000})$ × 소득공제율 = 264,870

전자신고세액공제: 20,000

결정세액: 2,742,600 - 264,870 - 20,000 = 2,457,730

자진납부세액: 2,457,730 - 250,000(중간예납세액) - 1,584,000(사업소득원천징수세액) - 600,000(근로소득원천징수세액) = 23,730원

따라서 23,730원을 납부하게 되고, 그에 따른 지방소득세도 납부하게 된다.

(2011년귀속)종합소득세 · 농어촌특별세 · 지방소득세 과세표준확정신고 및 납부계산서

관리번호	-

거주구분	거주자1 /비거주자2
내 · 외국인	내국인1 /외국인9
외국인단일세율적용	여 1 / 부 2
거주지국	거주지국코드

❶ 기본사항

①성 명	A씨			②주민등록번호				-		

③주 소	도 · 시	구 · 군	동 · 읍 · 면	가 · 리	번지	호	아파트등	동	호
	서울	성동	성수		XX	X			

④주소지 전화번호	XXX-XXXX	⑤사업장 전화번호	
⑥휴 대 전 화		⑦전자우편주소	

⑧신 고 유 형	⑪자기조정 ⑫외부조정 ⑬성실납세 ⑳간편장부 ㉛추계 – 기준율 ■추계 – 단순율 ㊵비사업자
⑨기 장 의 무	①복식부기의무자　　　　■간편장부대상자　　　　③비사업자
⑩신 고 구 분	■정기신고　　⑳수정신고　　㉚경정청구　　㊵기한후신고　　㊿추가신고(인정상여)

❷ 환급금 계좌신고

⑪금융기관/체신관서명	XX은행	⑫계좌번호	XXX-XX-XXXXXX

❸ 세무대리인

⑬성 명		⑭사업자등록번호	-	-		⑮전화번호	
⑯대리구분	①기장 ②조정 ③신고	⑰관리번호	-		⑱조정반번호	-	

❹ 세액의 계산

구 분		종합소득세		지방소득세		농어촌특별세
종 합 소 득 금 액	㉑	28,384,000				
소 득 공 제	㉒	2,900,000				
과 세 표 준(㉑-㉒)	㉓	17,984,000	㊶	2,457,730	⑤	
세 율	㉔	15%	㊷	10%	⑤	
산 출 세 액	㉕	2,742,600	㊸	245,770	⑤	
세 액 감 면	㉖					
세 액 공 제	㉗	284,870				
결 정 세 액(㉕-㉖-㉗)	㉘	2,457,730			⑤	
가 산 세	㉙				⑤	
추 가 납 부 세 액 (농어촌특별세의 경우에는 환급세액)	㉚				⑤	
합 계(㉘+㉙+㉚)	㉛	2,457,730			⑤	
기 납 부 세 액	㉜	2,434,000	㊹	218,400	⑤	
납부(환급)할 총세액(㉛-㉜)	㉝	23,730	㊺	27,370	⑤	
분 납 할 세 액(2개월 내)	㉞				⑥	
신고기한 이내 납부할 세액(㉝-㉞)	㉟	23,730	㊻	27,370	⑥	

신고인은 「소득세법」 제70조 , 「농어촌특별세법」 제7조, 「지방세법」 제177조의4 및 「국세기본법」 제45조의3에 따라 위의 내용을 신고하며, **위 내용을 충분히 검토하였고 신고인이 알고 있는 사실 그 대로를 정확하게 적었음을 확인합니다.**

2012년　　5월　　31일

신고인　　　　　　　　　　　　　　　　　　A (서명 또는 인)

세무대리인은 조세전문자격자로서 위 신고서를 성실하고 공정하게 작성하였음을 확인합니다.	접수(영수)일자
세무대리인　　　　　　　　　　　(서명 또는 인)	

세 무 서 장 귀하

※ 첨부서류(각 1부):	전산입력필	(인)

❼사업소득명세서

①소　득　구　분　코　드		40			
②일　련　번　호		1			
③사업장	소재지	서울 성동 성수 XXX-XX번지			
	국내1/국외9	소재지국코드	1	KOR			
④상　　　호					
⑤사　업　자　등　록　번　호					
⑥신　고　유　형　코　드		32			
⑦주　업　종　코　드		940909			
⑧총　수　입　금　액		48,000,000			
⑨필　요　경　비		29,616,000			
⑩소　득　금　액(⑧-⑨)		18,384,000			
⑪과　세　기　간　개　시　일		2011.01.01			
⑫과　세　기　간　종　료　일		2011.12.31			
⑬ 대표 공동사업자	성　명				
	주민등록번호				
⑭ 특수관계자	성　명				
	주민등록번호				
	성　명				
	주민등록번호				

사업소득에 대한 원천징수 및 납세조합징수 세액

⑮ 일련 번호	원천징수의무자 또는 납세조합		원천징수 또는 납세조합징수 세액	
	⑯상호(성명)	⑰사업자등록번호 (주민등록번호)	⑱소득세	⑲농어촌특별세
1	(주)XXX	000-00-00000	1,584,000	

⑤근로소득 · 연금소득 · 기타소득명세서

① 소득 구분 코드	② 일련 번호	소득의 지급자 (부여자의 국내 사업장) ③상　　호(성명) ④사업자등록번호 (주민등록번호)	⑤총수입금액 (총급여액· 총연금액)	⑥필요경비 (근로소득공제· 연금소득공제)	⑦소득금액 (⑤-⑥)	원천징수 또는 납세 조합징수세액 ⑧ 소득세	⑨ 농어촌 특별세
51	1	(주)XXX 000-00-00000	19,705,890	9,705,890	10,000,000	600,000	

❺종합소득금액 및 결손금·이월결손금공제명세서

구 분	① 소 득 별 소득금액	② 부동산임대업 외의 사업소득 결 손 금 공제 금액	이월결손금 공제 금액		⑤ 결손금·이월 결손금공제 후 소 득 금액
			③부동산임대업 외의 사업소득 이월결손금 공제 금액	④ 부동산임대업의 사업소득 이월결손금 공제금액	
이자소득금액					
배당소득금액					
출자공동사업자의 배당소득금액					
부동산임대업의 사업소득금액					
부동산임대업 외의 사업소득금액	18,384,000				18,384,000
근로소득금액	10,000,000				10,000,000
연금소득금액					
기타소득금액					
합 계 (종합소득금액)	28,384,000				28,384,000

❻이월결손금명세서

구 분	이월결손금 발생 명세		③ 전기까지 공제액	당기 공제액			⑦ 잔 액
	① 발생 과세기간	② 발생금액		④ 당기 공제액	⑤ 소급 공제액	⑥ 그밖의 공제액	
부동산 임대업의 사업소득							
부동산 임대업 외의 사업소득							

● 소득공제명세서

<table>
<tr><td colspan="6" align="center">「소득세법」상 소득공제</td></tr>
<tr><td colspan="3" align="center">구 분</td><td align="center">금 액</td><td align="center">구 분</td><td align="center">금 액</td></tr>
<tr><td rowspan="10">인
적
공
제</td><td rowspan="3">기
본
공
제</td><td>① 본　　　　　인</td><td>1,500,000</td><td>⑭ 주택담보노후연금이자비용공제</td><td></td></tr>
<tr><td>② 배　　우　　자</td><td></td><td rowspan="6">특
별
공
제</td><td>⑮ 보 험 료 공 제</td><td></td></tr>
<tr><td>③ 부 양 가 족 (명)</td><td></td><td>⑯ 의 료 비 공 제</td><td></td></tr>
<tr><td rowspan="5">추
가
공
제</td><td>④ 70세 이상인 자 (명)</td><td></td><td>⑰ 교 육 비 공 제</td><td></td></tr>
<tr><td>⑤ 장 애 인 (명)</td><td></td><td>⑱ 주 택 자 금 공 제</td><td></td></tr>
<tr><td>⑥ 부 녀 자</td><td></td><td>⑲ 기 부 금 공 제</td><td></td></tr>
<tr><td>⑦ 6세 이하인 자 (명)</td><td></td><td></td><td></td></tr>
<tr><td>⑧ 출 생 · 입 양 자 (명)</td><td></td><td></td><td></td></tr>
<tr><td colspan="2">⑨ 다 자 녀 추 가 공 제</td><td></td><td></td><td></td></tr>
<tr><td colspan="2">⑩ 인적공제계 (① ~ ⑨의 합계)</td><td></td><td>⑳ 표 준 공 제</td><td>1,000,000</td></tr>
<tr><td rowspan="3">연
금
보
험
료
공
제</td><td colspan="2">⑪ 국 민 연 금 보 험 료 공 제</td><td>300,000</td><td rowspan="3">㉑
특별
공제
합계</td><td>㉑ 근로소득이 있는 자
(⑮ ~ ⑲ 또는 ⑳)</td><td>2,800,000</td></tr>
<tr><td colspan="2">⑫ 기 타 연 금 보 험 료 공 제</td><td></td><td rowspan="2">근로소득이 없는 자
(⑲ + ⑳)</td><td rowspan="2"></td></tr>
<tr><td colspan="2">⑬ 퇴 직 연 금 소 득 공 제</td><td></td></tr>
</table>

㉒ 인 적 공 제 대 상 자 명 세

관계	성 명	내외 국인	주민등록번호 (외국인등록번호 등)	관계	성 명	내외 국인	주민등록번호 (외국인등록번호 등)
0	A	1	X X X X X X - X X X X X X X				
			-				-
			-				-
			-				-

※ 관계코드: 소득자 본인=0, 소득자의 직계존속=1, 배우자의 직계존속=2, 배우자=3, 직계비속 중 자녀·입양자=4, 직계비속 중
자녀·입양자 외(직계비속과 그 배우자가 모두 장애인인 경우 그 배우자 포함)=5, 형제자매=6, 수급자=7 위탁아동
=8(관계코드 4˜6은 소득자와 배우자의 각각의 관계를 포함합니다.)

<table>
<tr><td colspan="4" align="center">「조세특례제한법」상 소득공제</td></tr>
<tr><td align="center">㉓「조세특례제한법」조문(제목)</td><td align="center">㉔코드</td><td align="center">㉕금 액</td><td align="center">㉖사업자등록번호</td></tr>
<tr><td align="center">신용카드등 사용금액 소득공제</td><td></td><td>100,000</td><td></td></tr>
<tr><td></td><td></td><td></td><td></td></tr>
<tr><td></td><td></td><td></td><td></td></tr>
<tr><td></td><td></td><td></td><td></td></tr>
<tr><td>㉗「조세특례제한법」상 소득공제 합계</td><td></td><td>100,000</td><td></td></tr>
</table>

소득공제 합계 ㉘ (⑩ ~ ⑭ + ㉑ + ㉗)	2,900,000

● 세액감면명세서

①해당 법 조문(제목)	②코드	③세액감면	④사업자등록번호
⑤세액 감면 합계			

● 세액공제명세서

①해당 법 조문(제목)	②코드	③세액공제	④사업자등록번호
조특법104조의8(전자신고세액공제)		20,000	
소득세법47조(근로소득공제)		264,870	
⑤세액 공제 합계		284,870	

● 준비금명세서

①「조세특례제한법」조문(제목)	②코드	준비금 손금산입액		준비금 환입액		⑦사업자등록번호
		③연도	④금액	⑤당기환입액	⑥환입액누계	

● 가산세명세서

구		분	계 산 기 준	기 준 금 액	가산세율	가산세액
①무 신 고	부 당 무 신 고	미 달 세 액			40/100	
		수 입 금 액			14/10,000	
	일 반 무 신 고	미 달 세 액			20/100	
		수 입 금 액			7/10,000	
②과 소 신 고	부 당 과 소 신 고	미 달 세 액			40/100	
		수 입 금 액			14/10,000	
	일 반 과 소 신 고	미 달 세 액			10/100	
③초 과 환 급 신 고	부 당 초 과 환 급	초과 환급세액			40/100	
	일 반 초 과 환 급	초과 환급세액			10/100	
④납 부(환 급) 불 성 실	미 납 일 수	( )			3/10,000	
	미 납 부(환 급) 세 액					
⑤보 고 불 성 실	지 급 명 세 서	미제출(불명) 지급(불명)금액			2/100	
		지 연 제 출 지연제출금액			1/100	
	계 산 서	미 교 부 공급가액			1/100	
		불 명 불 명 금 액			1/100	
	계 산 서 합 계 표	미제출(불명) 공급(불명)가액			1/100	
		지 연 제 출 지연제출금액			0.5/100	
	매입처별 세금계산서 합 계 표	미제출(불명) 공급(불명)가액			1/100	
		지 연 제 출 지연제출금액			0.5/100	
	소	계				
⑥증 빙 불 비	미 수 취 미수취금액			2/100	
	허 위 수 취 허위수취금액			2/100	
⑦영 수 증 수 취 명 세 서 미 제 출	미 제 출 미제출금액			1/100	
	불 명 불 명 금 액			1/100	
⑧사 업 장 현 황 신 고 불 성 실	무 신 고 수입금액			0.5/100	
	과 소 신 고 수입금액			0.5/100	
⑨공 동 사 업 장 등 록 불 성 실	미 등 록·허 위 등 록 총수입금액			0.5/100	
	손익분배비율허위신고등 총수입금액			0.1/100	
⑩무 기 장	산 출 세 액			20/100	
⑪사 업 용 계 좌 미 신 고 등	미 개 설·미 신 고 수입금액 등			0.2/100	
	미 사 용 미사용금액			0.2/100	
⑫신 용 카 드 거 부	거 래 거 부·불 성 실 금 액			5/100	
	거 래 거 부·불 성 실 건 수			5,000원	
⑬현 금 영 수 증 미 발 급	미 가 맹 수 입 금 액			0.5/100	
	미 발 급·불 성 실 금 액			5/100	
	미 발 급·불 성 실 건 수			5,000원	
⑭기 부 금 영 수 증 불 성 실	영 수 증 불 성 실 발 급 불성실기재금액			2/100	
	발급명세서 미작성·미보관 미작성 등 금액			0.2/100	
⑮ 동 업 기 업 배 분 가 산 세					
⑯합 계						

● 기납부세액명세서

구 분		소 득 세		농 어 촌 특 별 세	
중 간 예 납 세 액	①	250,000			
토 지 등 매 매 차 익 예 정 신 고 납 부 세 액	②				
토 지 등 매 매 차 익 예 정 고 지 세 액	③				
수 시 부 과 세 액	④		㉑		
원천징수세액 및 납세조합징수세액	이 자 소 득	⑤		㉒	
	배 당 소 득	⑥		㉓	
	사 업 소 득	⑦	1,584,000	㉔	
	근 로 소 득	⑧	600,000	㉕	
	연 금 소 득	⑨			
	기 타 소 득	⑩			
기 납 부 세 액 합 계	⑪	2,434,000	㉖		

03 단일소득 – 기준경비율적용대상자

1. 요건

간편장부대상자로서 추계결정시 기준경비율을 적용하는 사업자가 대상이고 국세청 종합소득세 안내유형은 주로 D유형에 해당한다.

프리랜서 사업자의 경우 기준경비율적용대상자는 직전년도 수입 금액이 2천4백만 원 이상인 자로서 장부를 기장하지 않은 사업자가 대상이다.

기준경비율적용대상자 중 4천8백만 원 이상인 자는 무기장 가산세가 산출세액의 20%이고 특히 복식부기의무자인경우는 기준경비율의 만 적용하고 있으므로 소득금액 4천8백만 원 이상인 프리랜서분들은 장부기장을 고려해봐야 한다.

2. 신고요령

기준경비율의 경우 급격한 세 부담을 완화하기 위하여 한시적으로 2012년까지 배율에 의하여 신고도 가능하다. 즉, 기준경비율에 의한 소득금액이 단순경비율에 의한 소득금액에 배율(간편장부 2.4

배, 복식부기 3.0배)을 곱한 금액보다 큰 경우에는 그 배율에 의한 금액으로 신고가 가능하다.

1) 계산방법

소득금액 = 수입금액 - 주요경비(증빙수취분에 한함) - (수입금액 × 기준경비율) 이다.

주요경비는 매입(재화)비용, 인건비, 임차료로 구성되는데 프리랜서의 경우에는 매입비용이나 인건비, 임차료가 존재하지 않으므로 의미가 없다고 할 수 있다.

2) 계산사례

간편장부대상자이면서 직전년도 수입금액 4천8백만 원 미만인 자인 경우와 직전년도(2010년) 수입금액이 2천4백만 원 이상인 자이거나 신규사업자로 7천5백만 원 이상인 경우에 기준경비율로 신고해야 한다.

사례1

A씨는 직전년도수입금액이 2천5백만 원이고 2011년도 수입금액이 4천9백만 원이고 중간예납세액으로 250,000원을 납부, 원천징수세액으로 1,470,000원을 납부하였고, 장부를 기장하지 않아서 추계로 신고하려고 한다.

A씨의 종합소득납부세액은 얼마인가? 단, A씨는 부양가족이 없는 남성이고 국민연금납부액은 300,000원이라고 가정한다.(업종은 프로그래머이고 기준경비율은 32.7, 단순경비율은 64.1, 초과율은 49.7 이라고 가정한다.)

A씨의 경우 2010년도 수입금액이 2천4백만 원 이상으로 2011년도에 기준경비율 대상자이다. 따라서 기준경비율로 추계소득금액을 계산하면

① 기준경비율에 의한 소득금액

소득금액 = 49,000,000 - 49,000,000×32.7% = 32,977,000원

② 기준경비율의 한도

소득금액 = {40,000,000 - 40,000,000 × 64.1% + (49,000,000 - 40,000,000) - (49,000,000 - 40,000,000) × 49.7%} × 2.4 = 45,328,800원

위 ①의 기준경비율에 의해서 계산한 금액은 ②번의 단순경비율에 의해 계산한 금액에 일정한 배율(2.4, 3.0)보다 큰 경우에는 배율에 의해 계산한 금액으로 신고 가능하다. 여기서는 배율에 의한 금액이 기준경비율에 의해 계산한 금액보다 크므로 기준경비율에 의한 금액을 소득금액으로 한다.

소득공제: 본인공제(1,500,000) + 표준공제(600,000) + 국민연금공제(300,000) = 2,400,000원

산출세액 = (32,977,000 - 2,400,000) × 세율 = 3,506,550원

자진납부세액 = 3,506,550 - 20,000(전자신고세액공제) - 250,000(중간예납세액) - 1,470,000(원천징수세액) = 1,766,550원

A씨의 경우는 소득세 1,766,550원을 추가 납부받게 되고 종합소득세에 대한 10%만큼의 지방소득세도 추가 납부받게 된다. 단, 홈텍스를 통한 전자신고일 경우이다. 서면 신고할 경우 전자신고세액공제를 받을 수 없다.

관리번호	-	**(2011년귀속)종합소득세 · 농어촌특별세 · 지방소득세 과세표준확정신고 및 납부계산서**	거주구분	거주자1 /비거주자2
			내·외국인	내국인1 /외국인9
			외국인단일세율적용	여 1 / 부 2
			거주지국	거주지국코드

❶기본사항

| ①성 명 | A씨 | | ②주민등록번호 | | | | | | | - | | | | | |

③주 소	도·시	구·군	동·읍·면	가·리	번지	호	아파트등	동	호
	서울	성동	성수		XX	X			

④주소지 전화번호	XXX-XXXX	⑤사업장 전화번호	
⑥휴 대 전 화		⑦전자우편주소	

⑧신 고 유 형	⑪자기조정 ⑫외부조정 ⑬성실납세 ⑳간편장부 ■추계-기준율 ㉜추계-단순율 ㊵비사업자
⑨기 장 의 무	①복식부기의무자　　■간편장부대상자　　③비사업자
⑩신 고 구 분	■정기신고　⑳수정신고　㉚경정청구　㊵기한후신고　㊿추가신고(인정상여)

❷환급금 계좌신고

⑪금융기관/체신관서명	XX은행	⑫계좌번호	XXX-XX-XXXXXX

❸세무대리인

⑬성 명		⑭사업자등록번호		-	-		⑮전화번호	
⑯대리구분	①기장 ②조정 ③신고	⑰관리번호	-				⑱조정반번호	-

❹세액의 계산

구 분		종합소득세		지방소득세		농어촌특별세
종 합 소 득 금 액	㉑	32,977,000				
소 득 공 제	㉒	2,400,000				
과 세 표 준(㉑-㉒)	㉓	30,577,000	㊶	3,486,550	⑸	
세 율	㉔	15%	㊷	10%	⑸	
산 출 세 액	㉕	3,506,550	㊸	348,650	⑸	
세 액 감 면	㉖					
세 액 공 제	㉗	20,000				
결 정 세 액(㉕-㉖-㉗)	㉘	3,486,550			⑸	
가 산 세	㉙				⑸	
추 가 납 부 세 액 (농어촌특별세의 경우에는 환급세액)	㉚				⑸	
합 계(㉘+㉙+㉚)	㉛	3,486,550			⑸	
기 납 부 세 액	㉜	1,720,000	㊹	147,000	⑸	
차감 납부(환급)할 총세액(㉛-㉜)	㉝	1,766,550	㊺	201,650	⑸	
차감 분 납 할 세 액(2개월 내)	㉞				⑹	
차감 신고기한 이내 납부할 세액(㉝-㉞)	㉟	1,766,550	㊻	201,650	⑹	

　신고인은 「소득세법」 제70조 , 「농어촌특별세법」 제7조, 「지방세법」 제177조의4 및 「국세기본법」 제45조의3에 따라 위의 내용을 신고하며, **위 내용을 충분히 검토하였고 신고인이 알고 있는 사실 그 대로를 정확하게 적었음을 확인합니다.**

년　　월　　일

신고인　　　　　　　　　　　　　　　　　　　　　　A (서명 또는 인)

세무대리인은 조세전문자격자로서 위 신고서를 성실하고 공정하게 작성하였음을 확인합니다.	접수(영수)일자
세무대리인　　　　　　　　　　　(서명 또는 인)	

세 무 서 장 귀하

※ 첨부서류(각 1부):	전산입력필	(인)

❼사업소득명세서

①소　득　구　분　코　드		40			
②일　　　련　　　번　　　호		1			
③사업장	소재지	서울 성동 성수 XXX-XX번지			
	국내1/국외9　소재지국코드	1　　KOR			
④상　　　　　　　　　　호					
⑤사　업　자　등　록　번　호					
⑥신　고　유　형　코　드		32			
⑦주　업　종　코　드		940909			
⑧총　수　입　금　액		49,000,000			
⑨필　요　경　비		16,023,000			
⑩소　득　금　액(⑧-⑨)		32,977,000			
⑪과　세　기　간　개　시　일		2011.01.01			
⑫과　세　기　간　종　료　일		2011.12.31			
⑬ 대　표 공동사업자	성　　명				
	주민등록번호				
⑭ 특수관계자	성　　명				
	주민등록번호				
	성　　명				
	주민등록번호				

사업소득에 대한 원천징수 및 납세조합징수 세액

⑮ 일련 번호	원천징수의무자 또는 납세조합		원천징수 또는 납세조합징수 세액	
	⑯상호(성명)	⑰사업자등록번호 (주민등록번호)	⑱소득세	⑲농어촌특별세
1	(주)XXX	000-00-00000	1,470,000	

❺종합소득금액 및 결손금 · 이월결손금공제명세서

구 분	① 소득별 소득금액	② 부동산임대업 외의 사업소득 결손금 공제 금액	이월결손금 공제 금액		⑤ 결손금 · 이월 결손금공제 후 소득금액
			③부동산임대업 외의 사업소득 이월결손금 공제 금액	④ 부동산임대업의 사업소득 이월결손금 공제금액	
이자소득금액					
배당소득금액					
출자공동사업자의 배당소득금액					
부동산임대업의 사업소득금액					
부동산임대업 외의 사업소득금액	32,977,000				32,977,000
근로소득금액					
연금소득금액					
기타소득금액					
합 계 (종합소득금액)	32,977,000				32,977,000

❻이월결손금명세서

구 분	이월결손금 발생 명세		③ 전기까지 공제액	당기 공제액			⑦ 잔 액
	① 발생 과세기간	② 발생금액		④ 당기 공제액	⑤ 소급 공제액	⑥ 그밖의 공제액	
부동산 임대업의 사업소득							
부동산 임대업 외의 사업소득							

● 소득공제명세서

<table>
<tr><td colspan="6" align="center">「소득세법」상 소득공제</td></tr>
<tr><td colspan="3" align="center">구　분</td><td align="center">금　액</td><td colspan="2" align="center">구　분</td><td align="center">금　액</td></tr>
<tr>
<td rowspan="9">인
적
공
제</td>
<td rowspan="3">기
본
공
제</td>
<td>① 본　　　　　인</td><td>1,500,000</td>
<td rowspan="10">특
별
공
제</td>
<td>⑭ 주택담보노후연금이자비용공제</td><td></td>
</tr>
<tr><td>② 배　　우　　자</td><td></td><td>⑮ 보　험　료　공　제</td><td></td></tr>
<tr><td>③ 부 양 가 족(　명)</td><td></td><td>⑯ 의　료　비　공　제</td><td></td></tr>
<tr>
<td rowspan="5">추
가
공
제</td>
<td>④ 70세 이상인 자(　명)</td><td></td><td>⑰ 교　육　비　공　제</td><td></td>
</tr>
<tr><td>⑤ 장　애　인(　명)</td><td></td><td>⑱ 주　택　자　금　공　제</td><td></td></tr>
<tr><td>⑥ 부　　녀　　자</td><td></td><td>⑲ 기　부　금　공　제</td><td></td></tr>
<tr><td>⑦ 6세 이하인 자(　명)</td><td></td><td></td><td></td></tr>
<tr><td>⑧ 출 생·입 양 자(　명)</td><td></td><td></td><td></td></tr>
<tr><td colspan="2">⑨ 다 자 녀 추 가 공 제</td><td></td><td></td><td></td></tr>
<tr><td colspan="3">⑩ 인적공제계(① ~ ⑨의 합계)</td><td></td><td>⑳ 표　준　공　제</td><td>600,000</td></tr>
<tr>
<td rowspan="3">연 금
보험료
공제</td>
<td colspan="2">⑪ 국 민 연 금 보 험 료 공 제</td><td>300,000</td>
<td rowspan="3">제</td>
<td rowspan="2">㉑
특별
공제
합계</td><td>근로소득이 있는 자
(⑮ ~ ⑲ 또는 ⑳)</td><td></td>
</tr>
<tr><td colspan="2">⑫ 기 타 연 금 보 험 료 공 제</td><td></td></tr>
<tr><td colspan="2">⑬ 퇴 직 연 금 소 득 공 제</td><td></td><td>근로소득이 없는 자
(⑲+⑳)</td><td>2,400,000</td></tr>
</table>

㉒ 인 적 공 제 대 상 자 명 세

<table>
<tr><td>관계</td><td>성　명</td><td>내외
국인</td><td>주민등록번호(외국인등록번호 등)</td><td>관계</td><td>성　명</td><td>내외
국인</td><td>주민등록번호(외국인등록번호
등)</td></tr>
<tr><td>0</td><td>A</td><td>1</td><td>X X X X X X - X X X X X X X</td><td></td><td></td><td></td><td>-</td></tr>
<tr><td></td><td></td><td></td><td>-</td><td></td><td></td><td></td><td>-</td></tr>
<tr><td></td><td></td><td></td><td>-</td><td></td><td></td><td></td><td>-</td></tr>
<tr><td></td><td></td><td></td><td>-</td><td></td><td></td><td></td><td>-</td></tr>
</table>

※ 관계코드: 소득자 본인=0, 소득자의 직계존속=1, 배우자의 직계존속=2, 배우자=3, 직계비속 중 자녀·입양자=4, 직계비속 중
　　자녀·입양자 외(직계비속과 그 배우자가 모두 장애인인 경우 그 배우자 포함)=5, 형제자매=6, 수급자=7 위탁아동
　　=8(관계코드 4˜6은 소득자와 배우자의 각각의 관계를 포함합니다.)

<table>
<tr><td colspan="4" align="center">「조세특례제한법」상 소득공제</td></tr>
<tr><td align="center">㉓ 「조세특례제한법」 조문(제목)</td><td align="center">㉔ 코드</td><td align="center">㉕ 금　액</td><td align="center">㉖ 사업자등록번호</td></tr>
<tr><td></td><td></td><td></td><td></td></tr>
<tr><td></td><td></td><td></td><td></td></tr>
<tr><td></td><td></td><td></td><td></td></tr>
<tr><td></td><td></td><td></td><td></td></tr>
<tr><td>㉗ 「조세특례제한법」상 소득공제 합계</td><td></td><td></td><td></td></tr>
</table>

<table>
<tr><td align="center">소득공제 합계
㉘ (⑩ ~ ⑭ + ㉑ + ㉗)</td><td>2,400,000</td></tr>
</table>

● 세액감면명세서

①해당 법 조문(제목)	②코드	③세액감면	④사업자등록번호
⑤세액감면 합계			

● 세액공제명세서

①해당 법 조문(제목)	②코드	③세액공제	④사업자등록번호
조특법104조의8(전자신고세액공제)		20,000	
⑤세액공제 합계		20,000	

● 준비금명세서

①「조세특례제한법」 조문(제목)	②코드	준비금 손금산입액		준비금 환입액		⑦ 사 업 자 등록번호
		③연도	④금액	⑤당기 환입액	⑥환입액 누계	

● 가산세명세서

구분			계 산 기 준	기 준 금 액	가산세율	가산세액
①무 신 고	부 당 무 신 고		미 달 세 액		40/100	
			수 입 금 액		14/10,000	
	일 반 무 신 고		미 달 세 액		20/100	
			수 입 금 액		7/10,000	
②과 소 신 고	부 당 과 소 신 고		미 달 세 액		40/100	
			수 입 금 액		14/10,000	
	일 반 과 소 신 고		미 달 세 액		10/100	
③초 과 환 급 신 고	부 당 초 과 환 급		초과 환급세액		40/100	
	일 반 초 과 환 급		초과 환급세액		10/100	
④납 부(환 급) 불 성 실			미 납 일 수	( )	3/10,000	
			미 납 부(환 급) 세 액			
⑤보고불성실	지 급 명 세 서		미제출(불명) 지급(불명)금액		2/100	
			지 연 제 출 지연제출금액		1/100	
	계 산 서		미 교 부 공 급 가 액		1/100	
			불 명 불 명 금 액		1/100	
	계 산 서 합 계 표		미제출(불명) 공급(불명)가액		1/100	
			지 연 제 출 지연제출금액		0.5/100	
	매입처별 세금계산서 합 계 표		미제출(불명) 공급(불명)가액		1/100	
			지 연 제 출 지연제출금액		0.5/100	
	소		계			
⑥증 빙 불 비	미 수 취		미 수 취 금 액		2/100	
	허 위 수 취		허 위 수 취 금 액		2/100	
⑦영 수 증 수 취 명 세 서 미 제 출	미 제 출		미 제 출 금 액		1/100	
	불 명		불 명 금 액		1/100	
⑧사업장 현황 신고 불 성 실	무 신 고		수 입 금 액		0.5/100	
	과 소 신 고		수 입 금 액		0.5/100	
⑨공동사 업 장 등 록 불 성 실	미 등 록·허 위 등 록		총 수 입 금 액		0.5/100	
	손익분배비율허위신고등		총 수 입 금 액		0.1/100	
⑩무 기 장			산 출 세 액		20/100	
⑪사 업 용 계 좌 미 신 고 등	미 개 설·미 신 고		수 입 금 액 등		0.2/100	
	미 사 용		미 사 용 금 액		0.2/100	
⑫신 용 카 드 거 부	거 래 거 부·불 성 실		금 액		5/100	
	거 래 거 부·불 성 실		건 수		5,000원	
⑬현 금 영 수 증 미 발 급	미 가 맹		수 입 금 액		0.5/100	
	미 발 급·불 성 실		금 액		5/100	
	미 발 급·불 성 실		건 수		5,000원	
⑭기 부 금 영 수 증 불 성 실	영 수 증 불 성 실 발 급		불성실기재금액		2/100	
	발급명세서 미작성·미보관		미 작 성 등 금 액		0.2/100	
⑮ 동 업 기 업 배 분 가 산 세						
⑯합 계						

● 기납부세액명세서

구 분			소 득 세	농 어 촌 특 별 세	
중 간 예 납 세 액		①	250,000		
토 지 등 매 매 차 익 예 정 신 고 납 부 세 액		②			
토 지 등 매 매 차 익 예 정 고 지 세 액		③			
수 시 부 과 세 액		④		㉑	
원천징수세액 및 납세조합징수세액	이 자 소 득	⑤		㉒	
	배 당 소 득	⑥		㉓	
	사 업 소 득	⑦	1,470,000	㉔	
	근 로 소 득	⑧		㉕	
	연 금 소 득	⑨			
	기 타 소 득	⑩			
기 납 부 세 액 합 계		⑪	1,720,000	㉖	

●추계소득금액계산서(기준경비율적용대상자용)

가. 소득금액 계산

항목	(40)	( )	계(40)
① 소 득 구 분 코 드	(40)	( )	계(40)
② 일 련 번 호	1		
③ 사 업 장 소 재 지	서울 성동 성수 XXX-X		
④ 과 세 기 간			2011.1.1.부터 2011.12.31.까지
⑤ 상 호			
⑥ 사 업 자 등 록 번 호			
⑦ 업 태 / 종 목	/	/	/
⑧ 업 종 코 드	940909		940909
⑨ 총 수 입 금 액	49,000,000		49,000,000

				(40)	( )	계(40)
기준소득금액	필요경비	주요경비	⑩ 기초재고자산에 포함된 주요경비			
			⑪ 당기에 지출한 주요경비(= ㉞)			
			⑫ 기말 재고자산에 포함된 주요경비			
			⑬ 계 (⑩ + ⑪ - ⑫)			
		기준경비율에 의하여 계산한 경비	⑭ 기준경비율(%)	32.7%		32.7%
			⑮ 금액(⑨×⑭)	16,023,000		16,023,000
		⑯ 필요경비 계 (⑬+ ⑮)				16,023,000
	⑰ 기준소득금액 (⑨-⑯)("0" 보다 작은 경우 "0" 으로 적음)					32,977,000
비교소득금액	단순경비율에 의하여 계산한 소득금액		⑱ 단순경비율(%)	64.1%		64.1%
			⑲ 금액 [⑨×(1- ⑱)]	18,887,000		18,887,000
	⑳ 비교소득금액 (⑲×기획재정부령으로 정한 배율)			45,328,800		45,328,800
㉑ 소득금액 (⑰ 또는 ⑳ 중 작은 금액)						32,977,000

나. 당기 주요경비 계산명세(소득구분별 · 사업장별)

구 분	계(A) (= B+C+D)		정규증빙서류 수취금액 (B)		주요경비지출명세서 작성금액(C)		주요경비지출명세서 작성제외금액(D)	
매입비용	㉒		㉓		㉔		㉕	
임 차 료	㉖		㉗		㉘		㉙	
인 건 비	㉚		㉛		㉜		㉝	
계 (㉞ = ⑪)	㉞		㉟		㊱		㊲	

※ 첨부자료: 주요경비지출명세서 1부

간편장부대상자이면서 수입금액 4천8백만 원 이상인 자와 직전년도(2010년) 수입금액이 2천4백만 원 이상인 자이거나 신규사업자로 7천5백만 원 이상인 경우에 기준경비율로 신고해야 한다.

A씨는 직전년도수입금액이 4천8백5십만 원이고 2011년도 수입금액이 4천9백만 원이고 중간예납세액으로 250,000원을 납부, 원천징수세액으로 1,470,000원을 납부하였고, 장부를 기장하지 않아서 추계로 신고하려고 한다.

A씨의 종합소득납부세액은 얼마인가? 단, A씨는 부양가족이 없는 남성이고 국민연금납부액은 300,000원이라고 가정한다.(업종은 프로그래머이고 기준경비율은 32.7, 단순경비율은 64.1, 초과율은 49.7이라고 가정한다.)

A씨의 경우 2010년도 수입금액이 2천4백만 원 이상으로 2011년도에 기준경비율 대상자이다. 따라서 기준경비율로 추계소득금액을 계산하면

① 기준경비율에 의한 소득금액

소득금액 = 49,000,000 - 49,000,000×32.7% = 32,977,000원

② 기준경비율의 한도

소득금액 = {40,000,000 - 40,000,000 × 64.1% + (49,000,000 - 40,000,000) - (49,000,000 - 40,000,000) × 49.7%} × 2.4 = 45,328,800원

위 ①의 기준경비율에 의해서 계산한 금액은 ②번의 단순경비율에 의해 계산한 금액에 일정한 배율(2.4, 3.0)보다 큰 경우에는 배율에 의해 계산한 금액으로 신고 가능하다. 여기서는 배율에 의한 금액이 기준경비율에 의해 계산한 금액보다 크므로 기준경비율에 의한 금액을 소득금액으로 한다.

소득공제: 본인공제(1,500,000) + 표준공제(600,000) + 국민연금공제(300,000) = 2,400,000원

산출세액 = (32,977,000 - 2,400,000) × 세율 = 3,506,550원

가산세액 = 3,506,550 × 20% = 701,310원

자진납부세액 = 3,506,550 + 701,310(무기장가산세) - 20,000(전자신고세액공제) - 250,000(중간예납세액) - 1,470,000(원천징수세액)=2,467,860원

A씨의 경우는 소득세 2,467,860원을 추가 납부받게 되고 종합소득세에 대한 10% 만큼의 지방소득세도 추가 납부받게 된다. 단, 홈텍스를 통한 전자신고일 경우이다.. 서면 신고할 경우 전자신고세액공제를 받을 수 없다.

관리번호	-

(2011년귀속)종합소득세 · 농어촌특별세 · 지방소득세 과세표준확정신고 및 납부계산서

거주구분	거주자1 /비거주자2
내 · 외국인	내국인1 /외국인9
외국인단일세율적용	여 1 / 부 2
거주지국	거주지국코드

❶기본사항

①성 명	A씨			②주민등록번호	-			
③주 소	도 · 시	구 · 군	동 · 읍 · 면	가 · 리	번지	호	아파트 · 연립 등	동	호
	서울	성동	성수		XX	X			
④주소지 전화번호	XXX-XXXX			⑤사업장 전화번호				
⑥휴 대 전 화				⑦전자우편주소				
⑧신 고 유 형	[11]자기조정 [12]외부조정 [13]성실납세 [20]간편장부 ■추계 - 기준율 [32]추계 - 단순율 [40]비사업자							
⑨기 장 의 무	[1]복식부기의무자 ■간편장부대상자 [3]비사업자							
⑩신 고 구 분	■정기신고 [20]수정신고 [30]경정청구 [40]기한후신고 [50]추가신고(인정상여)							

❷환급금 계좌신고	⑪금융기관/체신관서명 XX은행	⑫계좌번호	XXX-XX-XXXXXX
❸세무대리인	⑬성 명	⑭사업자등록번호 - -	⑮전화번호
	⑯대리구분 [1]기장 [2]조정 [3]신고	⑰관리번호 -	⑱조정반번호 -

❹세액의 계산

구 분		종합소득세		지방소득세		농어촌특별세
종합소득금액	㉑	32,977,000				
소득공제	㉒	2,400,000				
과세표준(㉑－㉒)	㉓	30,577,000	㊶	4,187,860	(51)	
세율	㉔	15%	㊷	10%	(52)	
산출세액	㉕	3,506,550	㊸	418,780	(53)	
세액감면	㉖					
세액공제	㉗	20,000				
결정세액(㉕－㉖－㉗)	㉘	3,486,550			(54)	
가산세	㉙	701,310			(55)	
추가납부세액 (농어촌특별세의 경우에는 환급세액)	㉚				(56)	
합계(㉘＋㉙＋㉚)	㉛	4,187,860			(57)	
기납부세액	㉜	1,720,000	㊹	147,000	(58)	
차감 납부(환급)할 총세액(㉛－㉜)	㉝	2,467,860	㊺	271,780	(59)	
차감 분납할 세액(2개월 내)	㉞				(60)	
차감 신고기한 이내 납부할 세액(㉝－㉞)	㉟	2,467,860	㊻	271,780	(61)	

신고인은 「소득세법」 제70조, 「농어촌특별세법」 제7조, 「지방세법」 제177조의4 및 「국세기본법」 제45조의3에 따라 위의 내용을 신고하며, **위 내용을 충분히 검토하였고 신고인이 알고 있는 사실 그대로를 정확하게 적었음을 확인합니다.**

2012년 05 월 31 일

신고인 A (서명 또는 인)

세무대리인은 조세전문자격자로서 위 신고서를 성실하고 공정하게 작성하였음을 확인합니다.

세무대리인 (서명 또는 인)

접수(영수)일자

세 무 서 장 귀하

※ 첨부서류(각 1부): 전산입력필 (인)

❼사업소득명세서

①소　득　구　분　코　드		40			
②일　　련　　번　　호		1			
③사업장	소재지	서울 성동 성수 XXX-XX번지			
	국내1/국외9　소재지국코드	1　　KOR			
④상　　　　　　　　호					
⑤사　업　자　등　록　번　호					
⑥신　고　유　형　코　드		32			
⑦주　업　종　코　드		940909			
⑧총　수　입　금　액		49,000,000			
⑨필　요　경　비		16,023,000			
⑩소　득　금　액(⑧-⑨)		32,977,000			
⑪과　세　기　간　개　시　일		2011.01.01			
⑫과　세　기　간　종　료　일		2011.12.31			
⑬대표 공동사업자	성　　명				
	주민등록번호				
	성　　명				
	주민등록번호				
⑭특수관계자	성　　명				
	주민등록번호				
	성　　명				
	주민등록번호				

사업소득에 대한 원천징수 및 납세조합징수 세액				
⑮일련번호	원천징수의무자 또는 납세조합		원천징수 또는 납세조합징수 세액	
	⑯상호(성명)	⑰사업자등록번호 (주민등록번호)	⑱소득세	⑲농어촌특별세
1	(주)XXX	000-00-00000	1,470,000	

⑨종합소득금액 및 결손금·이월결손금공제명세서

구 분	① 소득별 소득금액	② 부동산임대업 외의 사업소득 결손금 공제금액	이월결손금 공제금액		⑤ 결손금·이월 결손금공제 후 소득금액
			③부동산임대업 외의 사업소득 이월결손금 공제금액	④ 부동산임대업의 사업소득 이월결손금 공제금액	
이자소득금액					
배당소득금액					
출자공동사업자의 배당소득금액					
부동산임대업의 사업소득금액					
부동산임대업 외의 사업소득금액	32,977,000				32,977,000
근로소득금액					
연금소득금액					
기타소득금액					
합 계 (종합소득금액)	32,977,000				32,977,000

●이월결손금명세서

구 분	이월결손금 발생 명세		③ 전기까지 공제액	당기 공제액			⑦ 잔 액
	① 발생 과세기간	② 발생금액		④ 당기 공제액	⑤ 소급 공제액	⑥ 그밖의 공제액	
부동산 임대업의 사업소득							
부동산 임대업 외의 사업소득							

● 소득공제명세서

「소득세법」상 소득공제

구 분			금 액	구 분			금 액
인 적 공 제	기 본 공 제	① 본　　　　　　인	1,500,000	특 별 공 제		⑭ 주택담보노후연금이자비용공제	
		② 배　　우　　자				⑮ 보　험　료　공　제	
		③ 부 양 가 족(　명)				⑯ 의　료　비　공　제	
	추 가 공 제	④ 70세 이상인 자(　명)				⑰ 교　육　비　공　제	
		⑤ 장　애　인(　명)				⑱ 주　택　자　금　공　제	
		⑥ 부　　녀　　자				⑲ 기　부　금　공　제	
		⑦ 6세 이하인 자(　명)					
		⑧ 출 생·입 양 자(　명)					
	⑨ 다 자 녀 추 가 공 제						
	⑩ 인적공제계(①~⑨의 합계)					⑳ 표　준　공　제	600,000
연 금 보험료 공 제	⑪ 국 민 연 금 보 험 료 공 제		300,000		㉑ 특별 공제 합계	근로소득이 있는 자 (⑮~⑲ 또는 ⑳)	
	⑫ 기 타 연 금 보 험 료 공 제					근로소득이 없는 자 (⑲+⑳)	2,400,000
	⑬ 퇴 직 연 금 소 득 공 제						

㉒ 인 적 공 제 대 상 자 명 세

관계	성 명	내외 국인	주민등록번호(외국인등록번호 등)	관계	성 명	내외 국인	주민등록번호(외국인등록번호 등)
0	A	1	X X X X X X - X X X X X X X X				-
			-				-
			-				-
			-				-

※ 관계코드: 소득자 본인=0, 소득자의 직계존속=1, 배우자의 직계존속=2, 배우자=3, 직계비속 중 자녀·입양자=4, 직계비속 중 자녀·입양자 외(직계비속과 그 배우자가 모두 장애인인 경우 그 배우자 포함)=5, 형제자매=6, 수급자=7 위탁아동 =8(관계코드 4~6은 소득자와 배우자의 각각의 관계를 포함합니다.)

「조세특례제한법」상 소득공제

㉓ 「조세특례제한법」 조문(제목)	㉔ 코드	㉕ 금 액	㉖ 사업자등록번호
㉗ 「조세특례제한법」상 소득공제 합계			

소득공제 합계 ㉘ (⑩~⑭+㉑+㉗)	2,400,000

● 세액감면명세서

①해당 법 조문(제목)	②코드	③세액감면	④사업자등록번호
⑤세액감면 합계			

● 세액공제명세서

①해당 법 조문(제목)	②코드	③세액공제	④사업자등록번호
조특법104조의8(전자신고세액공제)		20,000	
⑤세액공제 합계		20,000	

● 준비금명세서

①「조세특례제한법」 조문(제목)	②코드	준비금 손금산입액		준비금 환입액		⑦사업자등록번호
		③연도	④금액	⑤당기 환입액	⑥환입액 누계	

● 가산세명세서

구	분	계 산 기 준	기 준 금 액	가산세율	가산세액
①무 신 고	부 당 무 신 고	미 달 세 액		40/100	
		수 입 금 액		14/10,000	
	일 반 무 신 고	미 달 세 액		20/100	
		수 입 금 액		7/10,000	
②과 소 신 고	부 당 과 소 신 고	미 달 세 액		40/100	
		수 입 금 액		14/10,000	
	일 반 과 소 신 고	미 달 세 액		10/100	
③초 과 환 급 신 고	부 당 초 과 환 급	초과 환급세액		40/100	
	일 반 초 과 환 급	초과 환급세액		10/100	
④납 부(환 급) 불 성 실	미 납 일 수	( )		3/10,000	
	미 납 부(환 급) 세 액				
⑤보고불성실	지 급 명 세 서	미제출(불명) 지급(불명)금액		2/100	
		지 연 제 출 지연제출금액		1/100	
	계 산 서	미 교 부 공 급 가 액		1/100	
		불 명 불 명 금 액		1/100	
	계 산 서 합 계 표	미제출(불명) 공급(불명)가액		1/100	
		지 연 제 출 지연제출금액		0.5/100	
	매입처별 세금계산서 합 계 표	미제출(불명) 공급(불명)가액		1/100	
		지 연 제 출 지연제출금액		0.5/100	
	소	계			
⑥증 빙 불 비	미 수 취	미 수 취 금 액		2/100	
	허 위 수 취	허 위 수 취 금 액		2/100	
⑦영 수 증 수 취 명 세 서 미 제 출	미 제 출	미 제 출 금 액		1/100	
	불 명	불 명 금 액		1/100	
⑧사 업 장 현 황 신 고 불 성 실	무 신 고	수 입 금 액		0.5/100	
	과 소 신 고	수 입 금 액		0.5/100	
⑨공 동 사 업 장 등 록 불 성 실	미 등 록 · 허 위 등 록	총 수 입 금 액		0.5/100	
	손익분배비율허위신고 등	총 수 입 금 액		0.1/100	
⑩무 기 장	산 출 세 액	3,506,550	20/100	701,310
⑪사 업 용 계 좌 미 신 고 등	미 개 설 · 미 신 고	수 입 금 액 등		0.2/100	
	미 사 용	미 사 용 금 액		0.2/100	
⑫신 용 카 드 거 부	거 래 거 부 · 불 성 실 금 액			5/100	
	거 래 거 부 · 불 성 실 건 수			5,000원	
⑬현 금 영 수 증 미 발 급	미 가 맹	수 입 금 액		0.5/100	
	미 발 급 · 불 성 실 금 액			5/100	
	미 발 급 · 불 성 실 건 수			5,000원	
⑭기 부 금 영 수 증 불 성 실	영 수 증 불 성 실 발 급	불 성 실 기 재 금 액		2/100	
	발급명세서 미작성·미보관	미 작 성 등 금 액		0.2/100	
⑮ 동 업 기 업 배 분 가 산 세					
⑯합 계					701,310

● 기납부세액명세서

구 분		소 득 세	농 어 촌 특 별 세	
중 간 예 납 세 액	①	250,000		
토 지 등 매 매 차 익 예 정 신 고 납 부 세 액	②			
토 지 등 매 매 차 익 예 정 고 지 세 액	③			
수 시 부 과 세 액	④		㉑	
원천징수세액 및 납세조합징수세액	이 자 소 득 ⑤		㉒	
	배 당 소 득 ⑥		㉓	
	사 업 소 득 ⑦	1,470,000	㉔	
	근 로 소 득 ⑧		㉕	
	연 금 소 득 ⑨			
	기 타 소 득 ⑩			
기 납 부 세 액 합 계	⑪	1,720,000	㉖	

●추계소득금액계산서(기준경비율적용대상자용)

가. 소득금액 계산

① 소 득 구 분 코 드	(40)	( )	계(40)
② 일 련 번 호	1		
③ 사 업 장 소 재 지	서울 성동 성수 XXX-X		
④ 과 세 기 간			2011.1 .1 .부터 2011.12.31.까지
⑤ 상 호			
⑥ 사 업 자 등 록 번 호			
⑦ 업 태 / 종 목	/	/	/
⑧ 업 종 코 드	940909		940909
⑨ 총 수 입 금 액	49,000,000		49,000,000

기준소득금액	필요경비	주요경비	⑩ 기초재고자산에 포함된 주요경비			
			⑪ 당기에 지출한 주요경비(= ㉞)			
			⑫ 기말 재고자산에 포함된 주요경비			
			⑬ 계(⑩ + ⑪ - ⑫)			
		기준경비율에 의하여 계산한 경비	⑭ 기준경비율(%)	32.7%		32.7%
			⑮ 금액(⑨×⑭)	16,023,000		16,023,000
		⑯ 필요경비 계 (⑬+ ⑮)				16,023,000
	⑰ 기준소득금액 (⑨-⑯)("0" 보다 작은 경우 "0" 으로 적음)					32,977,000
비교소득금액	단순경비율에 의하여 계산한 소득금액	⑱ 단순경비율(%)		64.1%		64.1%
		⑲ 금액[⑨×(1-⑱)]		18,887,000		18,887,000
	⑳ 비교소득금액 (⑲×기획재정부령으로 정한 배율)			45,328,800		45,328,800
㉑ 소득금액 (⑰ 또는 ⑳ 중 작은 금액)						32,977,000

나. 당기 주요경비 계산명세(소득구분별 · 사업장별)

구 분	계(A) (=B+C+D)	정규증빙서류 수취금액 (B)	주요경비지출명세서 작성 금액(C)	주요경비지출명세서 작성제외금액(D)
매입비용	㉒	㉓	㉔	㉕
임 차 료	㉖	㉗	㉘	㉙
인 건 비	㉚	㉛	㉜	㉝
계(㉞ = ⑪)	㉞	㉟	㊱	㊲

※ 첨부자료: 주요경비지출명세서 1부

복식부기대상자인 경우

직전과세기간(2010년도) 수입금액이 7천5백만 원 이상으로서 복식부기대상인 경우에 장부를 작성하지 않아서 기준경비율로 신고할 경우에는 기준경비율의 을 적용하고 무기장 가산세도 적용한다.

A씨는 직전년도 수입금액이 7천6백만 원이고 2011년도 수입금액이 4천9백만 원이고 중간예납세액으로 250,000원을 납부, 원천징수세액으로 1,470,000원을 납부하였고, 장부를 기장하지 않아서 추계로 신고하려고 한다.

A씨의 종합소득납부세액은 얼마인가? 단, A씨는 부양가족이 없는 남성이고 국민연금납부액은 300,000원이라고 가정한다.(업종은 프로그래머이고 기준경비율은 32.7, 단순경비율은 64.1, 초과율은 49.7 이라고 가정한다.)

A씨의 경우 2010년도 수입금액이 75백만 원이상으로 2011년도에 복식부기의무 대상자이다. 따라서 기준경비율로 추계소득금액을 계산하면

① 기준경비율에 의한 소득금액

소득금액 = 49,000,000 - 49,000,000×32.7% × = 40,988,500원

② 기준경비율의 한도

소득금액 = {40,000,000 - 40,000,000 × 64.1% + (49,000,000

-40,000,000) - (49,000,000 - 40,000,000) × 49.7%} × 3.0 = 56,661,000원

위 ①의 기준경비율에 의해서 계산한 금액은 ②번의 단순경비율에 의해 계산한 금액에 일정한 배율(2.4, 3.0)보다 큰 경우에는 배율에 의해 계산한 금액으로 신고 가능하다. 여기서는 배율에 의한 금액이 기준경비율에 의해 계산한 금액보다 크므로 기준경비율에 의한 금액을 소득금액으로 한다.

소득공제: 본인공제(1,500,000) + 표준공제(600,000) + 국민연금공제(300,000) = 2,400,000원

산출세액 = (40,988,500 - 2,400,000) × 세율 = 4,708,270원

가산세액 = 4,708,270 × 20% = 941,650원

자진납부세액 = 4,708,270 + 941,650(무기장가산세) - 20,000(전자신고세액공제) - 250,000(중간예납세액) - 1,470,000(원천징수세액)=3,909,920원

A씨의 경우는 소득세 3,909,920원을 추가 납부받게 되고 종합소득세에 대한 10% 만큼의 지방소득세도 추가 납부받게 된다. 단, 홈텍스를 통한 전자신고일 경우이다. 서면 신고할 경우 전자신고세액공제를 받을 수 없다.

위 세 가지 사례를 비교해보면 수입금액은 같지만 간편장부대상자냐, 복식부기의무자냐 또는 소규모자업자냐에 따라서 소득세의 변화가 있다. 프리랜서의 경우 직전년도 수입금액이 4천8백만 원 이상으로서 간편장부대상 이상인 경우, 특히 복식부기의무자인 경우에는 장부기장을 고려해보는 것이 좋을 듯하다.

04 | 복수소득 – 기준경비율적용대상자

1. 요건

프리랜서로 인한 사업소득 이외에 근로소득, 기타소득 등 다른 소득이 같이 있는 유형이다. 프리랜서로 인한 사업소득 수입금액이 2010년을 기준으로 2천4백만 원 미만자이거나 2011년도 신규대상자로서 수입금액이 7천5백만 원 미만에 해당하면 단순경비율적용대상자가 된다. 보통 국세청에서 오는 신고유형별 안내서에는 E유형에 해당한다.

2. 신고요령

사업소득 이외에 기타소득이나 근로소득 등 다른 소득이 있는 경우에는 사업소득금액과 다른 소득금액을 합산하여 신고해야 한다. 특히, 근로소득이 있는 경우에는 일반적인 사업소득에서 공제되는 금액 이외에 근로소득에서만 공제되는 금액들이 있다. 보통 연말정산 이후에 종합소득세를 신고하기 때문에 5월 국세청 홈텍스에 들어가면 근로소득원천징수영수증을 볼 수 있다. 따라서 연말정산 시 빠진 소득공제를 추가적으로 공제할 수 있다.

1) 계산방법

수입금액 - 수입금액 × 단순경비율 = 사업소득 소득금액

종합소득금액 = 사업소득 소득금액 + 근로, 기타, 금융소득 등 소득금액

(소득금액 - 종합소득공제) × 세율 = 산출세액

산출세액 - 세액공제 + 가산세 - 기납부세액 = 자진납부세액

TIP 근로소득이나 기타소득 및 다른 소득금액은 국세청 홈텍스에서 조회가 가능합니다.

2) 계산사례

사례1

복식부기대상자이면서 기타소득이 있는 경우

직전과세기간(2010년도) 수입금액이 7천5백만 원 이상으로서 복식부기대상인 경우에 장부를 작성하지 않아서 기준경비율로 신고할 경우에는 기준경비율의 $\frac{1}{2}$을 적용하고 무기장 가산세도 적용한다.

A씨는 직전년도수입금액이 76백만 원이고 2011년도 수입금액이 4천9백만 원이고 중간예납세액으로 250,000원을 납부, 원천징수세액으로 1,470,000원을 납부하였고, 장부를 기장하지 않아서 추계로 신고하려고 한다.

또한 A씨는 연도 중에 기타소득으로 50,000,000원이 있고 필요경비를 제하고 기타소득금액 10,000,000원이고 이에 대한 원천징수로 소득세 2,000,000원, 지방소득세 200,000원이 있다.

해설

A씨의 경우 2010년도 수입금액이 75백만 원 이상으로 2011년도에 복식부기의무대상자이다. 따라서 기준경비율로 추계소득금액을 계산하면,

① 기준경비율에 의한 소득금액

소득금액 = 49,000,000 - 49,000,000×32.7% $\times \frac{1}{2}$ = 40,988,500원

② 기준경비율의 한도

소득금액 = {40,000,000 - 40,000,000 × 64.1% + (49,000,000 - 40,000,000) - (49,000,000 - 40,000,000) × 49.7%} × 3.0 = 56,661,000원

위 ①의 기준경비율에 의해서 계산한 금액은 ②번의 단순경비율에 의해 계산한 금액에 일정한 배율(2.4, 3.0)보다 큰 경우에는 배율에 의해 계산한 금액으로 신고 가능하다. 여기서는 배율에 의한 금액이 기준경비율에 의해 계산한 금액보다 크므로 기준경비율에 의한 금액을 소득금액으로 한다.

또한 A씨는 기타소득금액이 3백만 원 이상으로 종합합산대상소득에 해당한다.

종합소득금액: 40,988,500(사업소득) + 10,000,000(기타소득)

= 50,988,500원

소득공제: 본인공제(1,500,000) + 표준공제(600,000) + 국민연금공제

(300,000) = 2,400,000원

산출세액 = (50,988,500 - 2,400,000) × 세율 = 6,441,240원

가산세액 = 6,441,240 × 20% = 1,288,240원

자진납부세액 = 6,441,240 + 1,288,240(무기장가산세) - 20,000(전자

신고세액공제) - 250,000(중간예납세액) - 1,470,000(원천징수세액)-

2,000,000(기타소득원천징수액) = 3,989,480원

A씨의 경우는 소득세 3,989,480원을 추가 납부받게 되고 종합

소득세에 대한 10% 만큼의 지방소득세도 추가 납부받게 된다.

단, 홈텍스를 통한 전자신고일 경우이다. 서면 신고할 경우 전

자신고세액공제를 받을 수 없다.

관리번호	-

(2011년귀속)종합소득세 · 농어촌특별세 · 지방소득세 과세표준확정신고 및 납부계산서

거주구분	거주자1 /비거주자2
내 · 외국인	내국인1 /외국인9
외국인단일세율적용	여 1 / 부 2
거주지국	거주지국코드

❶기본사항

①성 명	A씨			②주민등록번호	-				
③주 소	도 · 시	구 · 군	동 · 읍 · 면	가 · 리	번지	호	아파트 연립 등	동	호
	서울	성동	성수		XX	X			
④주소지 전화번호	XXX-XXXX			⑤사업장 전화번호					
⑥휴 대 전 화				⑦전자우편주소					
⑧신 고 유 형	11자기조정 12외부조정 13성실납세 20간편장부 ■추계 - 기준율 32추계 - 단순율 40비사업자								
⑨기 장 의 무	■복식부기의무자 2간편장부대상자 3비사업자								
⑩신 고 구 분	■정기신고 20수정신고 30경정청구 40기한후신고 50추가신고(인정상여)								

❷환급금 계좌신고	⑪금융기관/체신관서명		⑫계좌번호

❸세무대리인	⑬성 명		⑭사업자등록번호 - -	⑮전화번호	
	⑯대리구분	1기장 2조정 3신고	⑰관리번호 -	⑱조정반번호 -	

❹세액의 계산

구 분		종합소득세		지방소득세		농어촌특별세
종합소득금액	㉑	50,988,500				
소득공제	㉒	2,400,000				
과세표준(㉑-㉒)	㉓	48,588,500	㊶	7,709,480	51	
세율	㉔	24%	㊷	10%	52	
산출세액	㉕	6,441,240	㊸	770,940	53	
세액감면	㉖					
세액공제	㉗	20,000				
결정세액(㉕-㉖-㉗)	㉘	6,421,240			54	
가산세	㉙	1,288,240			55	
추가납부세액 (농어촌특별세의 경우에는 환급세액)	㉚				56	
합계(㉘+㉙+㉚)	㉛	7,709,480			57	
기납부세액	㉜	3,720,000	㊹	347,000	58	
차감 납부(환급)할 총세액(㉛-㉜)	㉝	3,989,480	㊺	423,940	59	
차감 분납할 세액(2개월 내)	㉞				60	
차감 신고기한 이내 납부할 세액(㉝-㉞)	㉟	3,989,480	㊻	423,940	61	

신고인은 「소득세법」 제70조 , 「농어촌특별세법」 제7조, 「지방세법」 제177조의4 및 「국세기본법」 제45조의3에 따라 위의 내용을 신고하며, **위 내용을 충분히 검토하였고 신고인이 알고 있는 사실 그대로를 정확하게 적었음을 확인합니다.**

2012년 05 월 31 일

신고인 A (서명 또는 인)

세무대리인은 조세전문자격자로서 위 신고서를 성실하고 공정하게 작성하였음을 확인합니다.

세무대리인 (서명 또는 인)

세 무 서 장 귀하

접수(영수)일자

※ 첨부서류(각 1부):

전산입력필 (인)

●사업소득명세서

①소　득　구　분　코　드		40			
②일　　련　　번　　호		1			
③사업장	소재지	서울 성동 성수 XXX-XX번지			
	국내1/국외9　소재지국코드	1　｜　KOR			
④상　　　　　　　　호					
⑤사　업　자　등　록　번　호					
⑥신　고　유　형　코　드		32			
⑦주　업　종　코　드		940909			
⑧총　수　입　금　액		49,000,000			
⑨필　요　경　비		8,011,500			
⑩소　득　금　액(⑧-⑨)		40,988,500			
⑪과　세　기　간　개　시　일		2011.01.01			
⑫과　세　기　간　종　료　일		2011.12.31			
⑬대표 공동사업자	성　　명				
	주민등록번호				
⑭특수관계자	성　　명				
	주민등록번호				
	성　　명				
	주민등록번호				
	성　　명				
	주민등록번호				

사업소득에 대한 원천징수 및 납세조합징수 세액				
⑮일련번호	원천징수의무자 또는 납세조합		원천징수 또는 납세조합징수 세액	
	⑯상호(성명)	⑰사업자등록번호 (주민등록번호)	⑱소득세	⑲농어촌특별세
1	(주)XXX	000-00-00000	1,470,000	

❽근로소득 · 연금소득 · 기타소득명세서

① 소득구분코드	② 일련번호	소득의 지급자 (부여자의 국내 사업장) ③상 호(성명) ④사업자등록번호 (주민등록번호)	⑤총수입금액 (총급여액 · 총연금액)	⑥필요경비 (근로소득공제 · 연금소득공제)	⑦소득금액 (⑤-⑥)	⑧ 소득세	⑨ 농어촌특별세
60	1	000-00-00000	50,000,000	40,000,000	10,000,000	2,000,000	

⑤종합소득금액 및 결손금ㆍ이월결손금공제명세서

구 분	① 소득별 소득금액	② 부동산임대업 외의 사업소득 결손금 공제금액	이월결손금 공제금액		⑤ 결손금ㆍ이월 결손금공제 후 소득금액
			③부동산임대업 외의 사업소득 이월결손금 공제금액	④ 부동산임대업의 사업소득 이월결손금 공제금액	
이자소득금액					
배당소득금액					
출자공동사업자의 배당소득금액					
부동산임대업의 사업소득금액					
부동산임대업 외의 사업소득금액	40,988,500				40,988,500
근로소득금액					
연금소득금액					
기타소득금액	10,000,000				10,000,000
합 계 (종합소득금액)	50,988,500				50,988,500

●이월결손금명세서

구 분	이월결손금 발생 명세		③ 전기까지 공제액	당기 공제액			⑦ 잔 액
	① 발생 과세기간	② 발생금액		④ 당기 공제액	⑤ 소급공제액	⑥ 그밖의 공제액	
부동산 임대업의 사업소득							
부동산 임대업 외의 사업소득							

● 소득공제명세서

「소득세법」상 소득공제

구 분			금 액	구 분		금 액
인적공제	기본공제	① 본 인	1,500,000	⑭ 주택담보노후연금이자비용공제		
		② 배 우 자		특별공제	⑮ 보 험 료 공 제	
		③ 부 양 가 족(명)			⑯ 의 료 비 공 제	
	추가공제	④ 70세 이상인 자(명)			⑰ 교 육 비 공 제	
		⑤ 장 애 인(명)			⑱ 주 택 자 금 공 제	
		⑥ 부 녀 자			⑲ 기 부 금 공 제	
		⑦ 6세 이하인 자(명)				
		⑧ 출 생 · 입 양 자(명)				
	⑨ 다 자 녀 추 가 공 제					
	⑩ 인적공제계(①~⑨의 합계)				⑳ 표 준 공 제	600,000
연금보험료공제	⑪ 국 민 연 금 보 험 료 공 제		300,000	특별공제합계	㉑ 특별공제 근로소득이 있는 자 (⑮~⑲ 또는 ⑳)	
	⑫ 기 타 연 금 보 험 료 공 제				근로소득이 없는 자 (⑲+⑳)	2,400,000
	⑬ 퇴 직 연 금 소 득 공 제					

㉒ 인 적 공 제 대 상 자 명 세

관계	성 명	내외국인	주민등록번호(외국인등록번호 등)	관계	성 명	내외국인	주민등록번호(외국인등록번호 등)
0	A	1	XXXXXX - XXXXXXX				

※ 관계코드: 소득자 본인=0, 소득자의 직계존속=1, 배우자의 직계존속=2, 배우자=3, 직계비속 중 자녀·입양자=4, 직계비속 중 자녀·입양자 외(직계비속과 그 배우자가 모두 장애인인 경우 그 배우자 포함)=5, 형제자매=6, 수급자=7 위탁아동=8(관계코드 4~6은 소득자와 배우자의 각각의 관계를 포함합니다.)

「조세특례제한법」상 소득공제

㉓ 「조세특례제한법」 조문(제목)	㉔ 코드	㉕ 금 액	㉖ 사업자등록번호
㉗ 「조세특례제한법」 상 소득공제 합계			

소득공제 합계 ㉘(⑩~⑭+㉑+㉗)	
	2,400,000

● **세액감면명세서**

①해당 법 조문(제목)	②코드	③세액감면	④사업자등록번호
⑤세액감면 합계			

● **세액공제명세서**

①해당 법 조문(제목)	②코드	③세액공제	④사업자등록번호
조특법104조의8(전자신고세액공제)		20,000	
⑤세액공제 합계		20,000	

● **준비금명세서**

①「조세특례제한법」 조문(제목)	②코드	준비금 손금산입액		준비금 환입액		⑦사업자 등록번호
		③연도	④금액	⑤당기 환입액	⑥환입액 누계	

● **가산세명세서**

구			분	계 산 기 준	기 준 금 액	가산세율	가산세액
①무 신 고	부 당 무 신 고			미 달 세 액		40/100	
				수 입 금 액		14/10,000	
	일 반 무 신 고			미 달 세 액		20/100	
				수 입 금 액		7/10,000	
②과 소 신 고	부 당 과 소 신 고			미 달 세 액		40/100	
				수 입 금 액		14/10,000	
	일 반 과 소 신 고			미 달 세 액		10/100	
③초 과 환 급 신 고	부 당 초 과 환 급			초과 환급세액		40/100	
	일 반 초 과 환 급			초과 환급세액		10/100	
④납 부(환 급) 불 성 실	미 납 일 수				( )		
	미 납 부(환 급) 세 액					3/10,000	
⑤보고불성실	지 급 명 세 서		미제출(불명)	지급(불명)금액		2/100	
			지 연 제 출	지연제출금액		1/100	
	계 산 서		미 교 부	공 급 가 액		1/100	
			불 명	불 명 금 액		1/100	
	계 산 서 합 계 표		미제출(불명)	공급(불명)가액		1/100	
			지 연 제 출	지연제출금액		0.5/100	
	매입처별 세금계산서 합 계 표		미제출(불명)	공급(불명)가액		1/100	
			지 연 제 출	지연제출금액		0.5/100	
	소			계			
⑥증 빙 불 비	미 수 취			미 수 취 금 액		2/100	
	허 위 수 취			허 위 수 취 금 액		2/100	
⑦영 수 증 수 취 명 세 서 미 제 출	미 제 출			미 제 출 금 액		1/100	
	불 명			불 명 금 액		1/100	
⑧사업장 현 황 신 고 불 성 실	무 신 고			수 입 금 액		0.5/100	
	과 소 신 고			수 입 금 액		0.5/100	
⑨공동사 업 장 등 록 불 성 실	미등록·허위등록			총 수 입 금 액		0.5/100	
	손익분배비율허위신고등			총 수 입 금 액		0.1/100	
⑩무 기 장				산 출 세 액	6,441,240	20/100	1,288,240
⑪사 업 용 계 좌 미 신 고 등	미 개 설·미 신 고			수 입 금 액 등		0.2/100	
	미 사 용			미 사 용 금 액		0.2/100	
⑫신 용 카 드 거 부	거 래 거 부·불 성 실 금 액					5/100	
	거 래 거 부·불 성 실 건 수					5,000원	
⑬현 금 영 수 증 미 발 급	미 가 맹			수 입 금 액		0.5/100	
	미 발 급·불 성 실 금 액					5/100	
	미 발 급·불 성 실 건 수					5,000원	
⑭기 부 금 영 수 증 불 성 실	영 수 증 불 성 실 발 급			불성실기재금액		2/100	
	발급명세서 미작성·미보관			미 작 성 등 금 액		0.2/100	
⑮ 동 업 기 업 배 분 가 산 세							
⑯합 계							1,288,240

● **기납부세액명세서**

구 분		소 득 세		농 어 촌 특 별 세	
중 간 예 납 세 액	①	250,000			
토 지 등 매 매 차 익 예 정 신 고 납 부 세 액	②				
토 지 등 매 매 차 익 예 정 고 지 세 액	③				
수 시 부 과 세 액	④			㉑	
원천징수세액 및 납세조합징수세액	이 자 소 득	⑤		㉒	
	배 당 소 득	⑥		㉓	
	사 업 소 득	⑦	1,470,000	㉔	
	근 로 소 득	⑧		㉕	
	연 금 소 득	⑨			
	기 타 소 득	⑩	2,000,000		
기 납 부 세 액 합 계	⑪	3,720,000		㉖	

●추계소득금액계산서(기준경비율적용대상자용)

가. 소득금액 계산

		(40)	( )	계(40)
① 소 득 구 분 코 드		(40)	( )	계(40)
② 일 련 번 호		1		
③ 사 업 장 소 재 지		서울 성동 성수 XXX-X		
④ 과 세 기 간				2011.1 .1 .부터 2011.12.31.까지
⑤ 상 호				
⑥ 사 업 자 등 록 번 호				
⑦ 업 태 / 종 목		/	/	/
⑧ 업 종 코 드		940909		940909
⑨ 총 수 입 금 액		49,000,000		49,000,000

기준소득금액	필요경비	주요경비	⑩ 기초재고자산에 포함된 주요경비			
			⑪ 당기에 지출한 주요경비 (= ㉞)			
			⑫ 기말 재고자산에 포함된 주요경비			
			⑬ 계 (⑩ + ⑪ - ⑫)			
		기준경비율에 의하여 계산한 경비	⑭ 기준경비율(%)	16.35%		16.35%
			⑮ 금액(⑨×⑭)	8,011,500		8,011,500
	⑯ 필요경비 계 (⑬ + ⑮)					8,011,500
	⑰ 기준소득금액 (⑨-⑯)("0" 보다 작은 경우 "0" 으로 적음)					40,988,500
비교소득금액	단순경비율에 의하여 계산한 소득금액		⑱ 단순경비율(%)	64.1%		64.1%
			⑲ 금액[⑨×(1-⑱)]	18,887,000		18,887,000
	⑳ 비교소득금액 (⑲×기획재정부령으로 정한 배율)			56,661,000		56,661,000
㉑ 소득금액 (⑰ 또는 ⑳ 중 작은 금액)						40,988,500

나. 당기 주요경비 계산명세(소득구분별 · 사업장별)

구 분	계(A) (= B+ C+ D)		정규증빙서류 수취금액 (B)		주요경비지출명세서 작성금액(C)		주요경비지출명세서 작성제외금액(D)	
매입비용	㉒		㉓		㉔		㉕	
임 차 료	㉖		㉗		㉘		㉙	
인 건 비	㉚		㉛		㉜		㉝	
계(㉞ = ⑪)	㉞		㉟		㊱		㊲	

※ 첨부자료: 주요경비지출명세서 1부